DON BOSCO

Elke Gulden · Bettina Scheer

Es tanzt die Kuh mit Stöckelschuh

Neue Tanz- und Bewegungsspiele mit Liedern für Krippe, Kita und Eltern-Kind-Gruppen

DON BOSCO

Gerne nehmen wir Ihre Anregungen, Wünsche, Kritik oder Fragen entgegen:
Don Bosco Medien GmbH, Sieboldstraße 11, 81669 München
anregungen@donbosco-medien.de
Servicetelefon: (0 89) 4 80 08-341

Bibliografische Information der Deutschen Nationalbibliothek

Die Deutsche Nationalbibliothek verzeichnet diese Publikation in
der Deutschen Nationalbibliografie; detaillierte bibliografische
Daten sind im Internet über http://dnb.d-nb.de abrufbar.

2. Auflage 2014 / ISBN 978-3-7698-1906-9
© 2012 Don Bosco Medien GmbH, München
www.donbosco-medien.de
Umschlag, Layout: ReclameBüro, München
Illustrationen: Eva Gnettner
Zeichnungen S. 35, 43 und 52: Liliane Oser
Notensatz: Nikolaus Veeser, Schallstadt
Satz: Don Bosco Kommunikation GmbH, München
Produktion: Don Bosco Druck & Design, Ensdorf

Gedruckt auf umweltfreundlichem Papier

Inhalt

Es tanzt die Kuh mit Stöckelschuh,
die Ziege klatscht im Takt dazu.

Es steppt der Bär wild hin und her,
das Schaf bewegt sich noch viel mehr.

Es hüpft das Schwein auf einem Bein,
das Pferd fällt wiehernd gleich mit ein.

Es stampft dazu der Elefant
mit dem Nashorn Hand in Hand.

Da tanzt geschwind auch jedes Kind
und die tolle Show beginnt.

Der Zipfelmützen-zwergenrock

**Ein Zipfelmützenzwerg
lebt tief in einem Berg.**

**Dort steht er dann auf einem Bein
bei Sonnen- und bei Mondenschein.**
*auf ein Bein stellen und versuchen
stehen zu bleiben*

**Dann macht er seine Augen zu
und steht ganz still – kannst das auch du?**
*die Hände auf die Augen legen
und versuchen, nicht zu wackeln
oder gar umzufallen*

Der Zipfelmützenzwergenrock

Text: Bettina Scheer, Elke Gulden, Musik: Ralf Kiwit

Refrain

Das ist der Zip - fel - müt - zen - zwer - gen - rock, kommt,
__ macht al - le mit! Der Zip - fel - müt - zen - zwer - gen - rock ist
__ der größ - te Hit. Beim Zip - fel - müt - zen - zwer - gen - rock, da
ma - chen al - le mit. Der macht Spaß __ und hält uns fit!

Strophe

1. In die Mit - te: 1, 2, 3! __
2. Aus der Mit - te: 1, 2, 3! __

Ihr seid al - le __ mit da - bei. __ Und jetzt wird es

... ...

rich - tig __ schick, denn gleich kommt ein Kick: __ iuh!

Alle Kinder stehen im Kreis. Ihre Hände sind gefasst.*

Refrain
Das ist der Zipfelmützenzwergenrock,   *rechts herum im Kreis gehen*
kommt, macht alle mit!
Der Zipfelmützenzwergenrock
ist der größte Hit.
Beim Zipfelmützenzwergenrock,
da machen alle mit.
Der macht Spaß und hält uns fit!

1. In die Mitte: 1, 2, 3!   *vorwärts in die Mitte gehen*
   Ihr seid alle mit dabei.
   Und jetzt wird es richtig schick,
   denn gleich kommt ein Kick: iuh!   *einen Fuß in die Luft kicken*

2. Aus der Mitte: 1, 2, 3!   *rückwärts aus der Mitte her-*
   Ihr seid alle mit dabei.   *ausgehen*
   Und jetzt wird es richtig schick,
   denn gleich kommt ein Kick: iuh!   *einen Fuß in die Luft kicken*

Refrain
Das ist der Zipfelmützenzwergenrock,   *links herum im Kreis gehen*
kommt, macht alle mit!
Der Zipfelmützenzwergenrock
ist der größte Hit.
Beim Zipfelmützenzwergenrock,
da machen alle mit.
Der macht Spaß und hält uns fit!

---

* Alternativ können sich auch alle an einem kreisrunden Gummiband festhalten, das dann zu Beginn von Strophe 3 auf den Boden gelegt wird.

3. Wir drehn uns um: 1, 2, 3!   *Hände lösen, jeder dreht sich*
   Ihr seid alle mit dabei.   *um die eigene Achse*
   Und jetzt wird es richtig schick,
   denn gleich kommt ein Kick: iuh!   *einen Fuß in die Luft kicken*

4. Haltet eure Mützen fest,   *die Handinnenflächen über*
   denn der Wind kommt aus Südwest.   *dem Kopf zusammenlegen*
   Und jetzt wird es richtig schick,   *und sich in die andere Rich-*
   tung drehen
   denn gleich kommt ein Kick: iuh!   *einen Fuß in die Luft kicken*

Refrain
Das ist der Zipfelmützenzwergenrock,   *rechts herum im Kreis gehen*
kommt, macht alle mit!
Der Zipfelmützenzwergenrock
ist der größte Hit.
Beim Zipfelmützenzwergenrock,
da machen alle mit.
Der macht Spaß und hält uns fit!

Das ist der Zipfelmützenzwergenrock,   *links herum im Kreis gehen*
Kommt, macht alle mit!
Der Zipfelmützenzwergenrock
ist der größte Hit.
Beim Zipfelmützenzwergenrock,
da machen alle mit.
Der macht Spaß und hält uns fit!

Zur Einführung

Dieses Lied mit seinem typischen Rock 'n' Roll-Rhythmus sollte den Kindern bekannt sein, bevor es als Kreistanz von der gesamten Gruppe umgesetzt wird. Hierbei bietet sich folgender Aufbau für die Einführung an:

Begonnen wird mit dem *Refrain*, der zunächst im Sitzen gesungen wird. Dabei kann er mit folgenden kleinen Bewegungen begleitet werden:

Das ist	*2× mit beiden Händen auf die eigenen Oberschenkel patschen*
der	*1× in die eigenen Hände klatschen*
Zipfelmützenzwergenrock,	*Handinnenflächen über dem Kopf zusammen-*
kommt, macht alle mit!	*legen und die Schultern im Wechsel auf und nieder bewegen*
Der	*1× in die eigenen Hände klatschen*
Zipfelmützenzwergenrock	*Handinnenflächen über dem Kopf zusammen-*
ist der größte Hit.	*legen und die Schultern im Wechsel auf und nieder bewegen*
Beim	*1× in die eigenen Hände klatschen*
Zipfelmützenzwergenrock,	*Handinnenflächen über dem Kopf zusammen-*
da machen alle mit!	*legen und die Schultern im Wechsel auf und nieder bewegen*

Nach mehreren Wiederholungen wird der Refrain im Stehen mit den gleichen Bewegungen umgesetzt.

Die schwierigste Bewegung bei diesem Tanz ist für die Kleinen der Kick. Daher sollten die immer wiederkehrenden Zeilen 3 und 4 der Strophen separat geübt werden. Es empfiehlt sich diese zunächst einfach zu sprechen.

Und jetzt wird es richtig schick,	*Arme in die Hüften einstützen*
denn gleich kommt ein Kick: iuh!	*auf „iuh!" einen Kick mit einem Bein*
	ausführen

In einem nächsten Schritt gehen die Kinder zu den beiden Zeilen durch den Raum. Bei „Kick" bleiben sie stehen und führen anschließend den Kick aus. Die beiden Zeilen können dabei auch in der Melodie des Liedes gesungen werden.

Nun kann auch der erste Teil des Liedes (Refrain, Strophen 1 und 2, Refrain) zur CD im Kreis getanzt werden. Die Strophen 3 und 4 müssen nicht notwendigerweise separat geübt werden. Es ist jedoch empfehlenswert, auch diese zunächst selbst zu singen und erst in einem zweiten Schritt zur Musik auf der CD zu tanzen.

Zwerge lieben Pfützen

Dieser kleine Vers kann zunächst als Fingerspiel eingeführt werden.

Mit einer Zi-Za-Zipfelmütze	*Handinnenflächen über dem Kopf zusammenlegen*
springt ein Zwi-Zwa-Zwerg	*mit beiden Händen im Wechsel auf den Boden patschen*
in einer Ri-Ra-Regenpfütze	*flache Hände am Boden nach außen führen*
auf dem Bi-Ba-Berg.	*Hände über die Seiten nach oben führen und die Fingerspitzen in Stirnhöhe aneinander legen*

Danach lässt sich der Vers sehr einfach in die Großbewegung transferieren.

Mit einer Zi-Za-Zipfelmütze

Handinnenflächen über dem Kopf zusammen-legen

springt ein Zwi-Zwa-Zwerg
in einer Ri-Ra-Regenpfütze
auf dem Bi-Ba-Berg.

mit beiden Beinen durch den Raum springen

Varianten

Natürlich können im Raum auch Reifen ausgelegt werden, in die die Kinder hinein- und aus denen sie wieder hinausspringen können.

Auch die Bewegungsarten, mit denen sich die Kleinen durch den Raum bewegen, sind vielfach austauschbar. So können die kleinen Zwerge sicherlich auch stampfen, schleichen, tippeln, flitzen, toben, drehen, kullern, stehen und so weiter. Eine besonders schöne Überleitung gelingt, wenn der Zwerg als letztes singt und sich daran der Zipfelmützenzwergenrock anschließt:

Mit einer Zi-Za-Zipfelmütze
singt ein Zwi-Zwa-Zwerg
in einer Ri-Ra-Regenpfütze
auf dem Bi Ba Berg.

Der Text dieses kleinen Bewegungsverses kann auch auf die Melodie des traditionellen Liedes „Es tanzt ein Bi-Ba-Butzemann" gesungen werden. Der Refrain wird dann auf „lalala" gesungen.

Die Zwergenwanderung

Es waren mal muntere Zwerge,
die wanderten über die Berge.

die Kinder wandern hintereinander nahe der Raumwände entlang, dabei die Knie so hochheben, dass die Oberschenkel parallel zum Boden stehen und die Arme mitnehmen durch den Raum hüpfen

Sie hüpften durch den grünen Klee,
plötzlich taten ihre Füße weh.

Da gingen acht* müde Zwerge
zu einer Jugendherberge.
Sie schliefen dort ganz selig ein,
der Mond schien hell von draußen rein.

in der Raummitte liegt eine große weiche Matte, dorthin kehren alle Kinder zurück und legen sich dort nieder, Schnarchgeräusche

Doch als sie ausgeschlafen hatten,
erhoben sie sich von den Matten.
Sie setzten den Spaziergang fort
zurück zu ihrem Ausgangsort.

strecken und recken, dann aufstehen

wieder hintereinander durch den Raum wandern, s. o.

Zu diesem Vers bietet sich eine kleine Turnstationsrunde an. So kann als erste Station ein kleiner Berg zu überwinden sein, der entweder mit einer Kletterleiter, einer Sprossenwippe oder einfach einer über einen Kasten gelegten Weichbodenmatte zu übersteigen ist. Anschließend können sie in einem zuvor abgegrenzten Feld hüpfen (vielleicht steht sogar ein spezielles Trampolin für Kleinkinder zur Verfügung), um sich anschließend auf einer weichen Matte auszuruhen und den Parcours von vorne zu beginnen.

---

* Hier die Zahl der Kinder einsetzen.

Rhythmus im Blut

Rhythmus prägt das ganze Leben,
Rhythmen wollen wir erleben.
Das Herz klopft fest, bum-bum, bum-bum,
mit der rechten Hand gleichmäßig
gegen die Brust schlagen
und auch das Atmen ist nicht stumm.
tief ein- und ausatmen

Im Rhythmus erscheint Tag und Nacht
Arme über den Kopf nehmen und je seitlich nach unten
führen, in Schulterhöhe die Handflächen zusammen-
legen und an ein Ohr legen, Kopf leicht neigen
selbst das Jahr ist wohl durchdacht,
denn Frühling, Sommer, Herbst und Winter
nacheinander 4 Finger zeigen
kennen schließlich alle Kinder.
beide Handinnenflächen zeigen
in Brusthöhe nach oben

Rhythmus im Blut

Text: Bettina Scheer, Elke Gulden, Musik: Ralf Kiwit

Refrain
Wir ha-ben Rhythmus, Rhythmus, Rhythmus, Rhythmus im Blut.
Wir ha-ben Wir ha-ben
Rhyth-mus, wir ha-ben Rhyth-mus, wir ha-ben
Rhythmus im Blut und beim Tan-zen geht's uns gut!

Strophe
1. Hän-de hoch, dann auf die Knie, Po-po wackeln mit E-ner-gie.
Fü-ße hoch, das könnt ihr auch und
legt die Hän-de auf den Bauch!
2. auf den Bauch! Yeah!

Die Kinder stehen einzeln verteilt im Raum.

Refrain
Wir haben Rhythmus, Rhythmus, Rhythmus,   *frei durch den Raum hüpfen**
Rhythmus im Blut.
Wir haben Rhythmus, Rhythmus, Rhythmus,
Rhythmus im Blut.
Wir haben Rhythmus,
wir haben Rhythmus,
wir haben Rhythmus im Blut
und beim Tanzen geht's uns gut!

1. Hände hoch, dann auf die Knie,   *Hände über den Kopf heben,*
   Popo wackeln mit Energie.   *dann parallel auf die Knie*
   Füße hoch, das könnt ihr auch   *legen, dabei leicht in die Knie*
   und legt die Hände auf den Bauch!   *gehen, mit dem Po wackeln,*
      Füße im Wechsel heben, auf-
      richten und Hände übereinan-
      der auf den Bauch legen

   Hände hoch, dann auf die Knie,   *Wdh.*
   Popo wackeln mit Energie.
   Füße hoch, das könnt ihr auch
   und legt die Hände auf den Bauch!
   Yeah!

Refrain
Wir haben Rhythmus, Rhythmus, Rhythmus,   *frei durch den Raum hüpfen*
Rhythmus im Blut.
Wir haben …

---

* Kinder, die noch nicht hüpfen können, laufen durch den Raum.

2. Hände hoch, dann auf den Po,
   Beine schlottern: Bravo! Bravo!
   Füße hoch, das könnt ihr auch
   und legt die Hände auf den Bauch!

   *Hände über den Kopf heben, dann
   parallel auf die Pobacken legen, dabei leicht in die Knie gehen, mit dem
   Po wackeln, Füße im Wechsel heben,
   aufrichten und Hände übereinander
   auf den Bauch legen*

   Hände hoch, dann auf den Po,
   Beine schlottern: Bravo! Bravo!
   Füße hoch, das könnt ihr auch
   und legt die Hände auf den Bauch!
   Yeah!

   Wdh.

Refrain
Wir haben Rhythmus ...

frei durch den Raum hüpfen

3. Hände hoch, dann auf die Brust,
   Hüften kreisen taktbewusst.

   *Hände über den Kopf heben, dann
   gekreuzt auf die Brust legen, Hüften
   kreisen,*

   Füße hoch, das könnt ihr auch
   und legt die Hände auf den Bauch!

   *Füße im Wechsel heben, aufrichten
   und Hände übereinander auf den
   Bauch legen*

   Hände hoch, dann auf die Brust,
   Hüften kreisen taktbewusst.
   Füße hoch, das könnt ihr auch
   und legt die Hände auf den Bauch!
   Yeah!

   Wdh.

Refrain
Wir haben Rhythmus ...

frei durch den Raum hüpfen

Rhythmische Übungen mit kurzen Versen

Leichte rhythmische Übungen für Kleinkinder sind in den folgenden Versen verpackt. Die Kinder erfahren hier das Umsetzen von Rhythmen am eigenen Körper in Ruhe und Bewegung. Außerdem üben sie gleichmäßige und regelmäßige Schwünge.

Alle Kinder sitzen auf dem Boden.

Es klopft mal hier,	*1× auf den rechten Oberschenkel patschen*
es klopft mal da.	*1× auf den linken Oberschenkel patschen*
Zweimal klingt es wunderbar.	*2× in doppeltem Tempo auf beide Oberschenkel patschen*

Sobald die Kinder den kleinen Vers korrekt begleiten können, kann er auch im Stehen umgesetzt werden.

Es klopft mal hier,	*1× mit dem rechten Fuß aufstampfen*
es klopft mal da.	*1× mit dem linken Fuß aufstampfen*
Zweimal klingt es wunderbar.	*2× in doppeltem Tempo in die Hände klatschen*

In einem nächsten Schritt bewegen sich die Kinder zu den Worten durch den Raum.

Es klopft mal hier,	*einen Schritt mit rechts vorwärts gehen, dabei laut auftreten*
es klopft mal da.	*ebenso mit dem linken Fuß*
Zweimal klingt es wunderbar.	*stehen und 2× in doppeltem Tempo in die Hände klatschen*

Schwieriger wird es, wenn Pausen hinzukommen:

Wir können rhythmisch	*zu jeder Silbe einen Schritt zunächst am Platz gehen. Bei „stehn" wird eine Pause von einer Silbenlänge gemacht. Der Vers kann nach einigen Wiederholungen auch in der Fortbewegung umgesetzt werden.*
gehn und stehn,	
gehn und stehn,	
gehn und stehn.	

Etwas schwieriger wird es mit der Bewegungskombination der folgenden Verse:

Gehen, gehen, stehn	*5 Schritte durch den Raum gehen*
und	*Fuß heranziehen*
drehn,	*sich um 180° am Platz drehen*
gehen, gehen, stehn und drehn.	*5 Schritte durch den Raum gehen ...*

Schritt und Schritt und Schritt und Schritt,	*8 Schritte durch den Raum gehen*
alle Kinder gehen mit.	*7 Schritte gehen, auf 8 stehen bleiben*
Schritt und drehn,	*einen großen Schritt gehen, sich*
Schritt und drehn,	*am Platz drehen, Wdh.*
wir wollen jetzt gleich weitergehn.	*am Platz stehen bleiben, warten*

Schritt und Schritt ...	*Wdh.*

Für die Kinder ist es in der Regel einfacher, wenn die Bewegung mit einer Handtrommel akustisch unterstützt wird. Dabei wird jeder Schritt mit einem Schlag begleitet. Die Drehbewegung wird bei „drehn" durch das Reiben der flachen Hand über das Fell hörbar.

Der nächste Schwierigkeitsgrad nach dem Wechsel von Bewegung und Pause besteht in verschiedenen Bewegungstempi.
Alle Kinder stehen in einem Kreis. Ihre Hände sind gefasst.

Laufen, laufen, laufen, stehn,	*mit schnellen kleinen Schritten in die Mitte laufen und stehenbleiben*
gehen, gehen, gehen, drehn.	*mit 3 großen Schritten rückwärts aus der Kreismitte gehen, Hände lösen und sich einmal um die eigene Achse drehen*

Der Vers kann auch mit einem großen Gummiband umgesetzt werden, an dem sich alle Kinder festhalten. Bei „drehn" dreht sich dann der gesamte Kreis, d.h. die Kinder laufen auf der Kreisbahn rechts oder links herum.

Doch auch die Umsetzung von Gleichmäßigkeit will geübt sein. Hierfür eignet sich zu Beginn besonders das Schwingen der eigenen Arme.

Wir **schwin**gen **uns**re **Ar**me
hoch, tief, **hoch**,
wir **schwin**gen **uns**re **Ar**me
hoch, tief, **hoch**.

beide Arme parallel nach vorne oben und nach hinten schwingen. Wann immer die Arme die Hüfte passieren, leicht in die Knie gehen. Bei jeder fett gekennzeichneten Silbe sind die Arme an ihrem höchsten Punkt

Kinder zwischen 3 und 4 Jahren können auch versuchen, zu dieser Zeile seitlich ein Rhythmikband zu schwingen.

Natürlich kann das Band dann auch sowohl kreisförmig vor dem Körper als auch neben dem Körper geschwungen werden. Eine mögliche sprachliche Variante wäre:

Wir kreisen unser Rhythmikband rundherum,
wir kreisen unser Rhythmikband rundherum.
Jetzt kreisen wir es andersrum, rundherum,
jetzt kreisen wir es andersrum, rundherum.

Tag und Nacht

Am Morgen geht die Sonne auf,
steigt bis mittags hoch hinauf.

Am Abend wird sie untergehn,
des Nachts ist dann der Mond zu sehn.

Die Kinder werden in 2 Gruppen eingeteilt. Die eine Gruppe stellt die Sonnenkinder, die andere Gruppe die Mondkinder dar.
Alle Kinder sitzen in der Hocke.

Am Morgen geht die Sonne auf,
steigt bis mittags hoch hinauf.
Am Abend wird sie untergehn,

Sonnenkinder:
beide Arme senkrecht über den Kopf strecken, aufstehen und dabei die Arme seitlich im Halbkreis nach unten führen, wieder in die Hocke gehen

Mondkinder:

des Nachts ist dann der Mond zu sehn.

beide Arme senkrecht über den Kopf strecken, dabei langsam aufstehen und den Oberkörper zu einer Seite beugen

Der Vers wird mehrmals hintereinander gesprochen. Bei der Wiederholung gehen die Mondkinder während der ersten Zeile langsam wieder in die Hocke. Gleichzeitig beginnen die Sonnenkinder mit ihrer Bewegung.

Anfangs ist es einfacher, wenn die Kinder in zwei Gruppen frei im Raum verteilt sind. Ist der Vers jedoch gut eingeführt und die Bewegungen sind den Kindern vertraut, so können sie sich auch in einem Innen- und einem Außenkreis aufstellen, so dass sich immer ein Sonnen- und ein Mondkind gegenüberstehen.

Kleine Kinder können den Vers ebenso mit seinen Bewegungen begleiten. Allerdings sollten sie noch nicht in Gruppen eingeteilt werden.

Die Kinder sitzen frei verteilt in der Hocke.

Am Morgen geht die Sonne auf,

beide Arme senkrecht über den Kopf strecken,

steigt bis mittags hoch hinauf.
Am Abend wird sie untergehn,

aufstehen und dabei die Arme seitlich im Halbkreis nach unten führen, wieder in die Hocke gehen

des Nachts ist dann der Mond zu sehn.

sich von der Hocke aus auf eine Seite auf den Boden legen, d.h. die Beine sind angezogen

Der Text dieses kleinen Bewegungsverses kann auch auf die Melodie des traditionellen Liedes „Taler, Taler, du musst wandern" gesungen werden.

Der Klatsch-in-die-Hände-Beat-Dance-Song

Wir wollen uns'ren Körper wecken,
Arme, Beine soll'n sich strecken.

Alles wollen wir begrüßen,
von dem Kopf bis zu den Füßen.

Schultern, Bauch und auch die Knie,
begrüßen wir mit Energie.

Ellenbogen, Hüfte, Beine,
auch das Ohr ist nicht alleine.

Jetzt fehl'n nur noch Hals und Po,
dann ruft es laut „Halli-Hallo!"

alle Körperteile berühren

Der Klatsch-in-die-Hände-Beat-Dance-Song

Text: Bettina Scheer, Elke Gulden, Musik: Ralf Kiwit

1. Klat - sche in die Hän - de, klat - sche sie so.

Patsch auf dei - ne Kni - e und auf den Po,

schüt - tel dei - ne Ar - me wild um - her!

Ihr wollt be - stimmt noch mehr. Yeah!

1. Klatsche in die Hände,
   klatsche sie so.
   Patsch auf deine Knie
   und auf den Po,
   schüttel deine Arme wild umher!
   Ihr wollt bestimmt noch mehr.
   Yeah!

   in die Hände klatschen

   auf beide Knie patschen
   auf beide Pobacken patschen
   Arme wild schütteln

   beide Arme in die Luft reißen

2. Tippe deine Finger,
   tippe sie so.
   Patsch auf deine Knie
   und auf den Po,
   schüttel deine Arme wild umher!
   Ihr wollt bestimmt noch mehr.
   Yeah!

   die Zeigefingerkuppen ge-
   geneinander tippen
   auf beide Knie patschen
   auf beide Pobacken patschen
   Arme wild schütteln

   beide Arme in die Luft reißen

3. Rolle deine Schultern,
   rolle sie so. Patsch ...

   die Schultern nach vorne
   oder hinten rollen

4. Stampfe mit den Füßen,
   stampfe sie so. Patsch ...

   mit den Füßen am Platz
   stampfen

5. Schlotter mit den Beinen,
   schlotter sie so. Patsch ...

   mit den Beinen schlottern

6. Wackel mit den Zehen,
   wackel sie so. Patsch ...

   mit den Zehen wackeln

7. Schwinge deine Arme,
   schwinge sie so. Patsch ...

   die Arme nach vorne und
   hinten schwingen

Der Klatsch-in-die-Hände-Beat-Dance-Song

Auch mit der Stimme lässt sich hier sehr gut spielen:
Flüster* mit der Stimme,
flüstere so.
Patsch auf deine Knie
und auf den Po,
schüttel deine Arme wild umher!
Ihr wollt bestimmt noch mehr. Yeah!

Singe ganz ganz langsam,
singe jetzt so.
Patsch auf deine Knie
und auf den Po,
schüttel deine Arme wild umher!
Ihr wollt bestimmt noch mehr. Yeah!

Singe ganz ganz schnell,
singe jetzt so.
Patsch auf deine Knie
und auf den Po,
schüttel deine Arme wild umher!
Ihr wollt bestimmt noch mehr. Yeah!

Das geht doch noch schneller,
singe jetzt so. Patsch ...

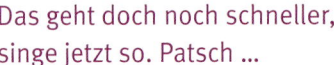
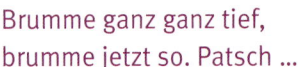

Brumme ganz ganz tief,
brumme jetzt so. Patsch ...

Singe ganz ganz hoch,
singe jetzt so. Patsch ...

---

* Beim Flüstern werden die Stimmlippen extrem beansprucht. Daher sollte Flüstern nur selten und auch nur über einen kurzen Zeitraum eingesetzt werden.

Neben diesen beschriebenen Varianten, kann das Lied auch auf einzelne Laute und Silben gesungen werden. Dabei wird die Melodie der ganzen Strophe auf bspw. „la", „bo", „hi" o.ä. gesungen, um am Ende in einem fröhlichen „Yeah!" zu enden. Die Bewegungen können ebenfalls gerne parallel zu dem Gesang ausgeführt werden.

Singe hu hu hu hu, …

Wir klatschen

Wir klatschen auf das Bein,
und das klingt ehrlich fein.

Wir klatschen auf den Bauch,
ah, das klingt wirklich auch.

Wir klatschen auf den Po,
na, das klingt sowieso.

Wir klatschen in die Hand,
der Klang ist ja bekannt.

Wir klatschen in die Luft,
doch dieser Klang verpufft.

Einführung als Klatschspiel

Die Kinder klatschen im Metrum auf die im Vers genannten Körperteile. Dabei sollte die Betonung des 4/4 Taktes mit umgesetzt werden, d.h. der erste Schlag eines jeden Taktes ist stark betont, der dritte Schlag in jedem Takt ist schwach betont. Die Schläge zwei und drei sind jeweils unbetont. Zu beachten ist, dass jede Zeile mit einem Auftakt („Wir", „und", „ah" usw.) beginnt.

Ein Klanggestenspiel

Alle Kinder sitzen im Kreis. Abwechselnd darf sich jedes Kind eine Klanggeste aussuchen, die es zunächst zu den ersten 4 Zeilen des unten aufgeführten Verses alleine vorführt. Die anderen Kinder fallen dann in Zeile 5 mit ein. Die Zeilen lassen sich auch sehr gut auf die Melodie des Kinderliedes „Zeigt her eure Füße" singen.

Anna klatscht alleine,
hier im Kreis.
Anna klatscht alleine,
mal laut und auch mal leis.

ein Kind führt die Bewegung alleine aus

Wir klatschen nun gemeinsam,
hier im Kreis.
Wir klatschen nun gemeinsam,
mal laut und auch mal leis.

alle anderen Kinder fallen ein

Mögliche Gesten können sein:
- in die Hände klatschen
- auf die eigenen Oberschenkel patschen
- auf den Boden mit der flachen Hand patschen
- stampfen
- die Unterarme umeinander rollen
- die Zeigefingerkuppen gegeneinander tippen
- hüpfen
- sich drehen
- winken
- gehen: im Zehenballengang, die Arme gestreckt nach oben
- krabbeln
- schaukeln: breitbeinig stehen, die Arme zu den Seiten ausgestreckt
- stehen: die Füße zusammen, die Arme am Körper lang nach unten

- trommeln: mit den Fäusten auf den Boden
- zappeln: auf dem Rücken, die Arme und Beine in der Luft

Aber natürlich sind der kindlichen Phantasie hier keine Grenzen gesetzt.

Körperteile

Die Spielkarten für die folgenden Spiele lassen sich schnell und einfach selbst gestalten. Auf Blanko-Memorykarten oder reinweiße Karteikarten werden einfache Körperteile skizziert, bspw. Auge, Ohr, Nase, Mund, Schulter, Ellenbogen, Arm, Hand, Finger, Bauch, Bein, Knie, Fuß usw. Damit die Karten immer wieder verwendet werden können, bietet es sich an, diese zu laminieren.

Die drei Spiele lassen sich selbstverständlich auch ganz ohne Bildkarten umsetzen, indem die Erzieherin oder auch später ein Kind einfach auf ein eigenes Körperteil zeigt. Die zeichnerische Visualisierung bringt jedoch zwei weitere Aspekte ins Spiel. Zum einen wird das Körperteil auf andere Art und Weise und vor allem zweidimensional dargestellt, was für die Kinder die Erkenntnis bedeutet, es ist eine Nase, egal ob sie in meinem oder in deinem Gesicht oder auf dem Papier gezeichnet ist. Zum anderen sehen die Kinder hier ein Körperteil losgelöst von seinem Gesamtkontext Körper. Hier müssen die Kinder zum einen die Nase auf dem Bild erkennen und zum anderen sie dem korrekten Platz an ihrem Körper zuordnen.

Sieh her, das hab ich auch

Alle Kinder stehen im Kreis und jedes Kind erhält eine Bildkarte eines Körperteils, die verdeckt vor ihm liegt. Das erste Kind dreht seine Karte herum und alle Kinder tippen an ihrem Körper auf das dargestellte Körperteil. Nun wendet auch das zweite Kind seine Karte. Alle Kinder zeigen wiederum zunächst auf das erste Körperteil und anschließend hängen sie das zweite an. So geht es im Kreis weiter, bis alle Karten umgedreht sind. Wichtig ist, dass die Erzieherin immer wieder alle Körperteile in der entsprechenden Reihenfolge mitspricht.

Zwei gleichzeitig

Alle Karten liegen in der Mitte. Zwei Kinder dürfen je eine Karte herumdrehen. Nun tippen alle Kinder mit jeweils einer Hand auf die beiden dargestellten Körperteile. Dann klatschen alle in die Hände und tippen erneut auf die beiden Körperstellen. Dies wird 4- bis 5-mal wiederholt, bevor zwei andere Kinder zwei neue Karten herumdrehen.

Musikstoppspiel

Die Körperteilkarten liegen verdeckt in einem Reifen in der Raummitte. Alle Kinder bewegen sich zu einer Laufmusik durch den Raum. Stoppt die Musik, bleiben alle Kinder stehen und die Erzieherin benennt ein Kind. Dieses darf eine Karte aus dem Reifen nehmen und der Spielleitung bringen. Die Karte wird nun so hoch gehalten, dass alle Kinder das Bild sehen können. Alle zeigen nun an ihrem eigenen Körper auf das entsprechende Körperteil. Die Erzieherin behält die Karte, stellt die Musik wieder an und die Kinder laufen erneut durch den Raum.

Der Schli-Schla-Schlangentanz

Zwei kleine süße Schlangen
wollte ich mal fangen.
Doch sie haben nur gezischt
und sind mir gleich entwischt –
sssssssssss…

*den Kindern während des Spruchs mit
zwei Fingern über den Rücken fahren*

Eine kleine Schlange

Text: Bettina Scheer, Elke Gulden, Musik: Ralf Kiwit

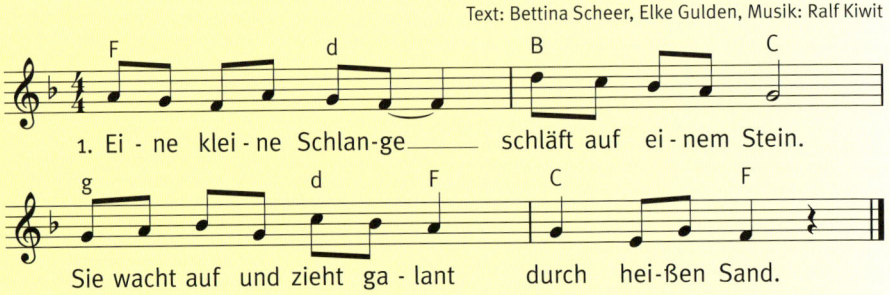

1. Ei - ne klei - ne Schlan-ge⸺ schläft auf ei - nem Stein.

Sie wacht auf und zieht ga - lant durch hei-ßen Sand.

1. Eine kleine Schlange
   schläft auf einem Stein.   *in S-Kurven durch den Raum gehen*
   Sie wacht auf und zieht galant
   durch heißen Sand.

B-Melodieteil

2. Eine kleine Schlange
   zieht durch heißen Sand.
   Plötzlich ringelt sie sich ein   *Schnecke I*
   und ist ganz klein.

B-Melodieteil

3. Eine kleine Schlange
   hat sich eingeringelt.
   Steckt den Kopf mit Eleganz   *Schnecke III*
   jetzt durch den Schwanz.

B-Melodieteil

4. Eine kleine Schlange
   hat sich ausgeringelt.
   Zieht jetzt wieder ganz galant   *S-Kurven*
   durch heißen Sand.

B-Melodieteil

5. Eine kleine Schlange
   zieht durch heißen Sand.
   Dreht den Kopf im Sonnenglanz   *Umkehrtor*
   weg von ihrem Schwanz.

B-Melodieteil

6. Eine kleine Schlange   *S-Kurven*
   hat sich umgedreht.
   Kriecht zurück zu ihrem Stein,   *Schnecke I*
   dann schläft sie ein.

B-Melodieteil   *am Ende in die Hocke gehen*

Für das Schlangenlied bilden die Kinder eine lange Schlange, indem sie sich nebeneinander aufstellen und sich die Hände reichen.* Dabei ist es wichtig zu beachten, dass alle Kinder in die gleiche Richtung blicken.

Natürlich sollten die Hände der Kinder während des gesamten Liedes gefasst bleiben, unabhängig davon, in welche Richtung sich die Schlange windet. Damit die Kleinen die Wichtigkeit dessen erfassen, empfiehlt es sich die Hände der Kinder beispielsweise mit „Zauberkleber" zu verbinden. Hierzu jeweils zwei gefasste Kinderhände in die eigenen Hände nehmen und einmal kräftig auf den Händeberg pusten.

Eine Schlange kann viele verschiedene Raumwege durchlaufen, dabei schlängelt sie sich jedoch immer in der Vorwärtsbewegung durch den Raum.

- S-Kurve: in Links- und Rechtskurven frei durch den Raum mit unterschiedlichen Kurvenneigungen
- Schnecke I: eindrehen in eine Links- oder Rechtsspirale
- Schnecke II: ausdrehen aus einer Links- oder Rechtsspirale (Da hierbei der Schwanz zum neuen Kopf wird, ist es insbesondere bei kleinen Kindern sinnvoll, wenn sowohl Kopf als auch Schwanz von einer Erzieherin gespielt werden.)

---

* Alternativ werden im Fachhandel auch lange Stoffschlangen angeboten, an deren Seiten Schlaufen angenäht sind, woran sich die Kinder festhalten können.

- Schnecke III: direkter Weg aus der Spirale durch Tore. Der Schlangenkopf geht auf geradem Weg aus der Schnecke heraus, indem er unter den Armen der auf dem Weg stehenden Kinder hindurchläuft. Alle anderen Kinder folgen ihm.
- Umkehrtor: Hält der Schlangenkopf das zweite Kind mit seiner linken Hand, so dreht sich dieser mit einer 180°-Drehung nach links. Dabei heben er und das zweite Kind ihre verbundenen Arme nach oben, so dass ein Tor entsteht, durch das alle nachfolgenden Kinder hindurchgehen.
- Slalom: Alle Kinder heben die Arme. Der Schlangenkopf beginnt im Slalom durch die so entstandenen Tore hindurchzugehen und führt den Schlangenkörper hinter sich her.

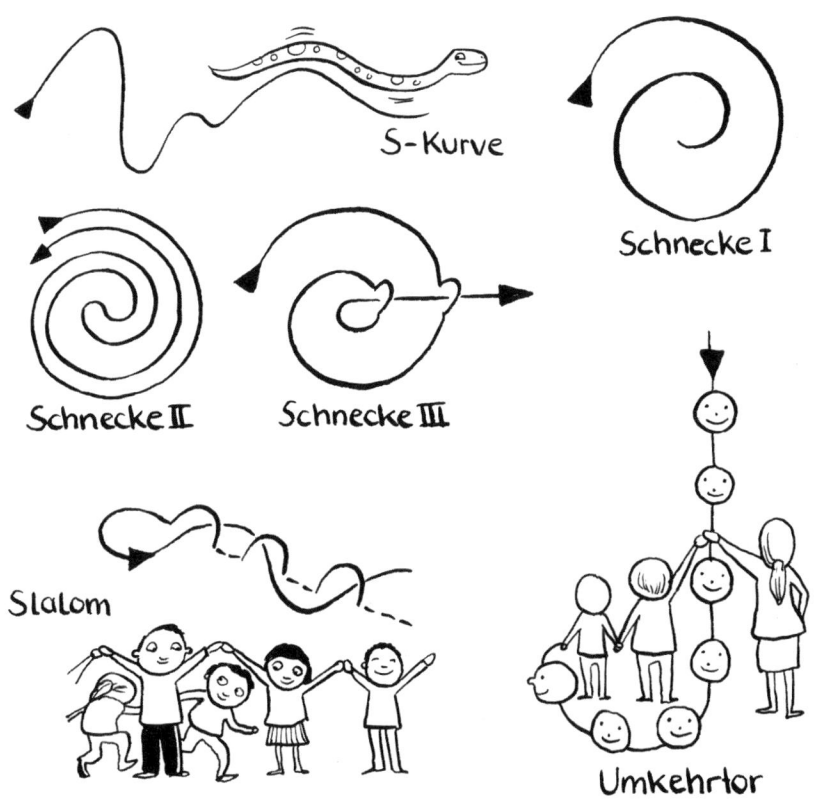

S-Kurve

Schnecke I

Schnecke II

Schnecke III

Slalom

Umkehrtor

Mit dem Körper fühlen

Das Thema „Schlange" lädt zu vielfachen Spielideen ein. Idealerweise wird es durch das Fühlen einer kurvigen Schlangenbewegung am eigenen Körper eingeführt, bspw. mit folgendem kleinen Zweizeiler:

Eine Schlange schlängelt sich,
kitzelt dich ganz freundschaftlich.

Die Bewegung kann entweder mit dem eigenen Zeigefinger am eigenen Körper wie bspw. Hand, Arm, Fuß o.ä. ausgeführt werden. Sie kann aber auch mit einem dicken weichen Wollfaden übertragen werden, der sich auf den entsprechenden Körperteilen windet.

Der kleine Vers eignet sich besonders für das Übertragen der Bewegung auf den Rücken der Kinder, der bekanntlich für seine verhältnismäßig große Fläche die wenigsten und die am weitesten auseinander liegenden Tastrezeptoren aufweist und daher für vielerlei Fühlerfahrungen dankbar ist.

Die Kinder können aber auch Schlangenbewegungen mit dem eigenen Körper ausführen. Dazu legen sie sich mit einer Körperseite auf den Boden und versuchen, sich ohne Hände fortzubewegen. Hierfür eignet sich auch besonders gut die Instrumentalversion des Schlangenliedes (CD, Track 27).
In einem nächsten Schritt können die Kinder versuchen, die Schlangenlinien im Stehen mit ihren Armen darzustellen.

Schlangenbewegungen mit Material

Schlangenbewegungen lassen sich natürlich auch mit unterschiedlichen Materialien übertragen. Besonders geeignet sind hierfür Seile, Gymnastikbänder oder auch einfache Kreppbänder. Allerdings ist hier erhöhte Aufsicht der Erzieher geboten.

Seile lassen sich auf dem Boden besonders gut zu verschiedenen Figuren legen, die anschließend von den Kindern belaufen werden, während die Kinder bei der Verwendung von Gymnastik- oder Kreppbändern die Bewegung aus ihrem Handgelenk auf das Band übertragen. Insbesondere die ersten beiden Strophen des Liedes lassen sich gut mit Bändern darstellen.

1. Eine kleine Schlange
   schläft auf einem Stein.
   Sie wacht auf und zieht galant
   durch heißen Sand.

   die Kinder stehen frei verteilt im Raum, die Schlange ruht in ihren Händen die Kinder bewegen die Schlange waagerecht in Wellenbewegungen auf dem Boden und gehen dabei durch den Raum

2. Eine kleine Schlange
   zieht durch heißen Sand.
   Plötzlich ringelt sie sich ein
   und ist ganz klein.

   die Kinder bleiben stehen und bewegen das Band in kleinen Kreisbewegungen senkrecht zum Boden

Zur Vertiefung der Raumorientierung bilden jeweils 3 Kinder eine kleine Schlange, indem sie sich, nebeneinander aufgestellt, an den Händen fassen. Damit die Kinder nicht einfach nur gerade durch den Raum gehen, sollte der Weg durch optische Hilfsmittel vorgegeben werden, bspw.
- 5 bis 6 Pylonen, die die Schlangen im Slalom passieren müssen
- Reifen, die umrundet werden müssen
- lange Seile bilden auf dem Boden eine Acht, die abgelaufen werden muss

Zur musikalischen Untermalung eignet sich hier auch die Instrumentalversion des Schlangenliedes (CD, Track 27).

Variante

Der Text der beiden Bewegungsverse kann auch mit einer kleinen Textvariation auf die Melodie des traditionellen Liedes „Fuchs, du hast die Gans gestohlen" gesungen werden.

Eine kleine Schlange
schläft auf einem Stein,
schläft auf einem Stein.
Sie wacht auf und zieht galant
durch den heißen Sand, Sand, Sand.
Sie wacht auf und zieht galant
durch den heißen Sand.

Eine kleine Schlange
zieht durch heißen Sand,
zieht durch heißen Sand.
Plötzlich ringelt sie sich ein
und ist ganz, ganz klein, klein, klein.
Plötzlich ringelt sie sich ein
und ist ganz, ganz klein.

Zooparty

Wenn wir in einem Zoo spazieren gehn,
werd'n wir viele fremde Tiere sehn.
So manches kommt aus einem fernen Land
und das ist immer super interessant.

Das Känguru kommt aus Australien,
der Elefant aus Afrika und Indien.
Das Faultier lebt in Südamerika,
die Giraffe stammt aus Afrika.
Der Pinguin lebt am südlichsten Pol,
doch im Zoo, fühl'n sich alle pudelwohl.

Im Zoo steigt eine Party

Text: Bettina Scheer, Elke Gulden, Musik: Ralf Kiwit

Refrain
Im Zoo steigt ei-ne Par-ty,— kommt, fei-ert al-le— mit!

Es spielt die tol-le Zoo-band— ganz ein-fach je-den— Hit.—

Strophe
1. Pa-pa-gei-en flie-gen— ganz oh-ne— Rast,—

denn sie be-grü-ßen— je-den neu-en— Gast.—

Refrain
Im Zoo steigt eine Party,   *im Seitgalopp durch den Raum tanzen*
kommt, feiert alle mit!
Es spielt die tolle Zooband
ganz einfach jeden Hit.

1. Papageien fliegen   *als Vogel durch den Raum fliegen*
   ganz ohne Rast,
   denn sie begrüßen
   jeden neuen Gast.

Refrain
Im Zoo steigt eine Party, ...   *im Seitgalopp durch den Raum tanzen*

2. Elefanten stampfen   *als Elefant durch den Raum stampfen*
   im Paradeschritt.
   Und auch die Besucher
   machen alle mit.

Refrain
Im Zoo steigt eine Party, ...   *im Seitgalopp durch den Raum tanzen*

3. Der Pinguin tanzt Tango,   *als Pinguin durch den Raum watscheln*
   ja, wer glaubt denn das?
   Alle machen Photos,
   denn das ist wirklich krass.

Refrain
Im Zoo steigt eine Party, ...   *im Seitgalopp durch den Raum tanzen*

4. Die Affen steppen wild,   *als Affen mit schwingenden Armen durch*
   wer hätte das gedacht?   *den Raum schlendern*
   Selber Schuld, wer hier nicht
   sofort und gleich mitmacht.

Refrain
Im Zoo steigt eine Party, ...   *im Seitgalopp durch den Raum tanzen*

Sind alle Kinder in der Lage, sich im Seitgalopp fortzubewegen, können die Kinder sich in einem großen Kreis aufstellen und versuchen, den Tanz im Kreis umzusetzen.

Mit den älteren Kindern (etwa ab 3 Jahren) kann der Tanz auch als Partnertanz getanzt werden. Hierzu sucht sich jedes Kind einen Partner. Beide stehen sich gegenüber und reichen sich beide Hände. Gemeinsam tanzen sie die angegebenen Bewegungen zum Refrain. Anschließend setzen die Kinder die Tierbewegungen im Wechsel um. Dabei tanzt immer ein Kind um das andere.

Bevor das Bewegungslied eingeführt wird, sollten die darin besungenen Tierarten den Kleinen vorgestellt werden. Dazu bieten sich die folgenden Spiele an.

Zootiere kennen lernen
Bildkarten von Zootieren (s. u.)
(Hierfür eignen sich auch gut ausgesuchte Karten aus einem Tiermemoryspiel. Natürlich lassen sich aber genauso geeignete Bilder aus dem Internet ausdrucken. Es ist jedoch empfehlenswert, diese vor dem ersten Einsatz zu laminieren.)

Alle Kinder setzen sich zunächst in einem Kreis zusammen. Die Erzieherin hält mehrere Bildkarten in Händen und deckt eine dieser Karten auf. Gemeinsam überlegt die Gruppe, wie diese Tiere heißen. Anschließend wird überlegt, mit welchen Bewegungen diese Tiere dargestellt werden können. In einem nächsten Schritt stellen sich alle Kinder in einer Raumecke auf. Die Erzieherin durch-

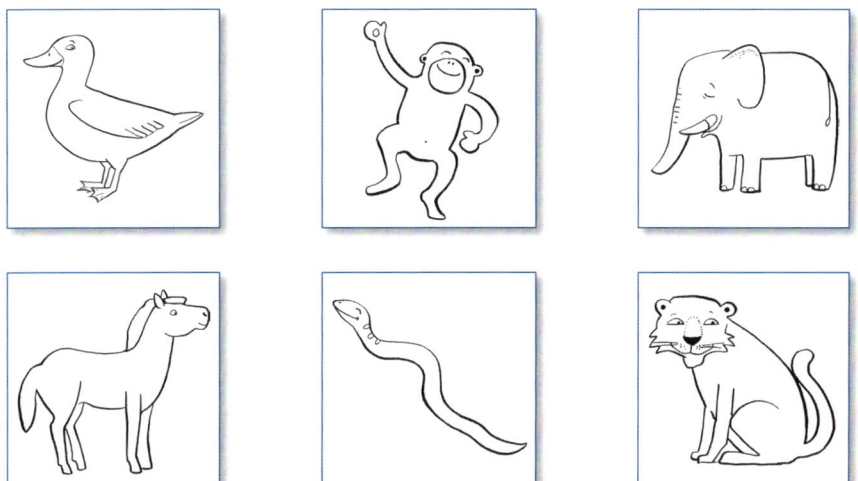

schreitet den Raum auf der Diagonalen in einer der Tierbewegungen. Ist sie in der schräg gegenüberliegenden Ecke angekommen, zeigt sie den Kindern das passende Tierbild und die Kinder folgen ihr in der gleichen Fortbewegungsart. Natürlich können hier auch einheimische Tiere imitiert werden.

Tiere erraten

Dieses Spiel ähnelt dem vorhergehenden Spiel „Zootiere kennen lernen". Dieses Mal überlegt sich jedes Kind, welches Tier es gerne darstellen möchte und bewegt sich dementsprechend durch den Raum. Alle anderen Kinder raten, um wen es sich dabei handelt. Gemeinsam kann die Gruppe die Bewegungen des Tieres auch mit kleinem Orff-Instrumentarium begleiten, bspw. den Elefanten mit geschlagener Trommel, den Papagei mit Glöckchen, den Pinguin mit geriebener Trommel usw.

Fußspuren

Bildkarten von Tierfußspuren (Diese lassen sich sehr leicht im Internet finden und ausdrucken.)
Seile oder Malerkreppband zum Festlegen von Raumwegen

Die Kinder sitzen zunächst in einem Kreis zusammen. Gemeinsam werden die ausgedruckten Fußspuren der ausgesuchten Tiere zugeordnet. Hierfür eignen sich bspw. die Spuren von Pferd, Katze, Hase, Elefant und Pinguin. Seile sollten den Kleinen nun einen Weg durch den Raum vorgeben. Neben den Anfang eines jeden Seils wird der Fußabdruck eines Tieres gelegt und für die Länge von 2 oder 3 Seilen sollten sich die Kinder nun wie das dazu passende Tier bewegen. Selbstverständlich können die Kinder auch ihre eigenen Fußspuren betrachten. Dies kann entweder draußen im Sandkasten geschehen, oder die Kinder stellen selbst Bilder ihrer Fußspuren her.

Zoodisco

für jedes Kind 1 Reifen
Discomusik

Die Reifen werden im Raum ausgelegt. Sie stellen die Käfige dar. Alle Kinder tanzen zur Musik frei durch den Raum. Stoppt die Musik, kehren alle Tiere schnell in einen Käfig zurück. Läuft die Musik wieder, geht auch die Party weiter. Doch jedes Mal wird ein Reifen entfernt und so müssen die Tiere ihre Käfige teilen. Besonders viel Spaß haben die Kinder, wenn die Erzieherin als Zoowärter in den Musikpausen ihre Runde dreht, um zu sehen, ob alles in Ordnung ist.

Es gehen acht Dackel zum Tanz

Es gehen „acht" Dackel zum Tanz,	*am Platz gehen*
und wackeln dort mit ihrem Schwanz.	*mit dem Popo wackeln*
Sie zappeln auch mit ihren Pfoten,	*Arme wild in der Luft schütteln*
dann liegen sie erschöpft am Boden.	*sich fallen lassen, Arme und Beine in die Luft strecken*

Das Katz- und Maus-Spiel

Alle Kinder stehen in einer Reihe an einem Raumende. Ein Kind spielt die Maus und läuft vor der Kinderreihe hin und her. Ein zweites Kind spielt die Katze und jagt die Maus einmal durch den Raum. Beide Kinder bleiben am gegenüberliegenden Raumende stehen. Das Spiel wird sooft wiederholt, bis alle Kinder auf der anderen Raumseite angekommen sind. Die wartenden Kinder können dabei die kleine Maus anfeuern („Schnell, kleine Maus, lauf!").

Es läuft ein kleines Mäuselchen
ganz allein durchs Haus.
Da faucht die dicke freche Katz':
„Dein Spielen ist gleich aus."

Sie macht sogleich 'nen großen Satz
und jagt die arme Maus.
Doch diese flitzt ganz flitzeflink
und lacht die Katze einfach aus.

Natürlich können auch mehrere Kinder die Mäuse bzw. Katzen darstellen. Hierfür bedarf es lediglich kleiner sprachlicher Änderungen, bspw:

Es laufen kleine Mäuselchen
ganz allein durchs Haus.
Da fauchen freche Katzen:
„Euer Spielen ist gleich aus."

Sie machen gleich 'nen großen Satz
und jagen jede Maus.
Doch diese flitzen flitzeflink
und lach'n die Katzen aus.

Weitere Varianten liegen im Ändern der Tierarten. Beachtet werden sollte dabei lediglich, dass es sich um zwei natürlicherweise miteinander verfeindete Tiere handelt, z. B.

Es springt ein kleiner grüner Frosch
ganz allein durchs Moor.
Da faucht ein riesengroßer Storch:
„Sieh dich vor mir vor."

Er macht sogleich 'nen großen Satz
und jagt den armen Lurch.
Doch dieser flitzt ganz flitzeflink
durch die Moorlandschaft hindurch.

Es hüpft ein kleiner Hase
ganz allein durchs Gras.
Da faucht ein rötlich brauner Fuchs:
„Du bist ein leckrer Mittagsfraß."

Er macht sogleich 'nen großen Satz
und jagt den armen Has'.
Doch dieser flitzt ganz flitzeflink
durch das hohe grüne Gras.

Der gute Tierpfleger

Der Tierpfleger kümmert sich um alle Tiere.
Er säubert auch ständig die Quartiere.
Er spricht und spielt und füttert jedes Vieh.
Und manchmal, da badet und schrubbt er sie.

Für die Umsetzung dieses Spruchs werden idealerweise ein Tuch und eine große Duschbürste benötigt.
Alle Kinder sitzen mit der Erzieherin in einem großen Kreis. Die Duschbürste liegt versteckt hinter dem Rücken der Spielleitung, das Tuch ruht in ihrem Schoß und kommt in Zeile 2 zum Einsatz, wo es über den Boden und vielleicht sogar zwischen den Kindern hindurchwischt. In Zeile 3 kehrt wieder etwas Ruhe ein und die Bewegungen werden mit den Händen umgesetzt:

Er spricht	*die Fingerkuppen einer Hand aufeinanderlegen und die Hand öffnen und schließen*
und spielt	*die Hände umeinander rollen*
und füttert jedes Vieh.	*beide Hände nebeneinander in Bauchhöhe halten, Handinnenflächen zeigen nach oben*

In der letzten Zeile wird mit der Stimme Spannung aufgebaut und die Duschbürste kommt zum Einsatz. Sie will die Kinder natürlich abbürsten und jagt sie nun durch den ganzen Raum.

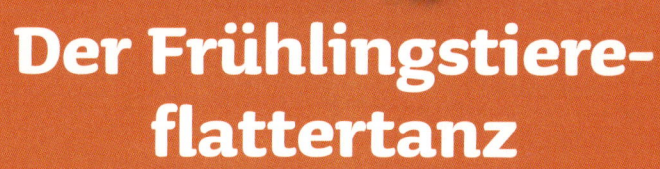

Der Frühlingstiere-
flattertanz

Der Frühlingsblumenblütenduft
verbreitet Zauber in der Luft.

Denn der Winter ist vorbei,
der Frühling kommt ganz schnell herbei.
Nach und nach wacht alles auf,
das Jahr beginnt nun seinen Lauf.

Bäche fangen an zu fließen,
Bäume fangen an zu sprießen.
Blumen strecken ihre Köpfchen raus
und jeder kommt aus seinem Haus.

Vögel fliegen übers Feld,
Käfer krabbeln durch die Welt.
Küken schlüpfen aus dem Ei,
Frösche hüpfen völlig frei.

Kinder toben auf dem Rasen,
Leben sieht man in den Straßen.

Der Frühlingstiereflattertanz

Text: Bettina Scheer, Elke Gulden, Musik: Ralf Kiwit

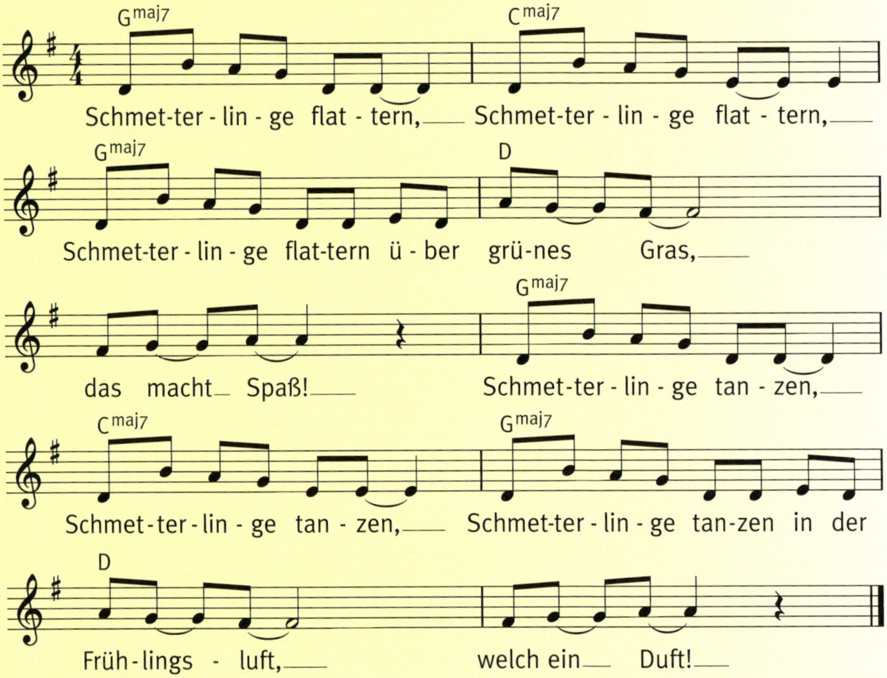
Gmaj7
Cmaj7
Schmet-ter - lin - ge flat - tern, Schmet-ter - lin - ge flat - tern,
Gmaj7
D
Schmet-ter - lin - ge flat-tern ü - ber grü-nes Gras,
Gmaj7
das macht Spaß! Schmet-ter - lin - ge tan - zen,
Cmaj7
Gmaj7
Schmet-ter - lin - ge tan - zen, Schmet-ter - lin - ge tan-zen in der
D
Früh-lings - luft, welch ein Duft!

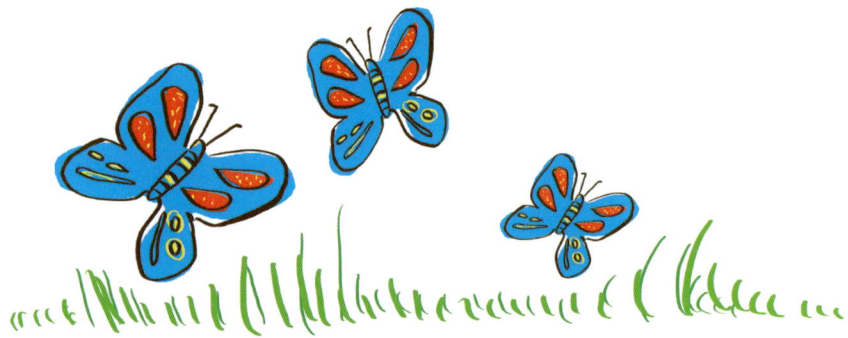

Alle Kinder stehen im Kreis.

Schmetterlinge flattern,
Schmetterlinge flattern,
Schmetterlinge flattern über grünes Gras,
     das macht Spaß!
Schmetterlinge tanzen,
Schmetterlinge tanzen,
Schmetterlinge tanzen in der Frühlingsluft,
     welch ein Duft!

Flugarmbewegung am Platz

in die Luft springen
vorwärts in die Mitte gehen

rückwärts aus der Mitte her-
ausgehen

B-Melodieteil ohne Text

sich um die eigene Achse
drehen, Flugarmbewegung

Kleine Frösche springen,
kleine Frösche springen,
kleine Frösche springen über grünes Gras,
     das macht Spaß!
Kleine Frösche tanzen,
kleine Frösche tanzen,
kleine Frösche tanzen in der Frühlingsluft,
     welch ein Duft!

in der Hocke kleine Sprünge
machen

Strecksprung nach oben
vorwärts in die Mitte gehen

rückwärts aus der Mitte her-
ausgehen

B-Melodieteil

als Frosch um die eigene
Achse springen

Junge Vögel fliegen,
junge Vögel fliegen,
junge Vögel fliegen über grünes Gras,
     das macht Spaß!
Junge Vögel tanzen,
junge Vögel tanzen,

Flugarmbewegung

in die Luft springen
vorwärts in die Mitte gehen

junge Vögel tanzen in der Frühlingsluft,
welch ein Duft!

rückwärts aus der Mitte her-
ausgehen

B-Melodieteil

auf der Kreisbahn fliegen

Entenküken watscheln,
Entenküken watscheln,
Entenküken watscheln über grünes Gras,
das macht Spaß!

Entenwatscheln am Platz

in die Luft springen

Entenküken tanzen,
Entenküken tanzen,

vorwärts in die Mitte gehen

Entenküken tanzen in der Frühlingsluft,
welch ein Duft!

rückwärts aus der Mitte her-
ausgehen

B-Melodieteil

sich um die eigene Achse
drehen und watscheln

Marienkäfer krabbeln,
Marienkäfer krabbeln,
Marienkäfer krabbeln über grünes Gras,
das macht Spaß!

am Platz krabbeln

Strecksprung

Marienkäfer tanzen,
Marienkäfer tanzen,

vorwärts in die Mitte gehen

Marienkäfer tanzen in der Frühlingsluft,
welch ein Duft!

rückwärts aus der Mitte her-
ausgehen

B-Melodieteil

auf der Kreisbahn krabbeln

Schmetterlinge, Frösche,
Vögel, Küken, Käfer,
alle Tiere tanzen über grünes Gras,
das macht Spaß!

freies Tanzen durch den
Raum, jedes Kind kann sich
ein Tier aussuchen
in die Luft springen

Alle Tiere tanzen,
alle Tiere tanzen,
alle Tiere tanzen in der Frühlingsluft,
welch ein Duft!

B Melodieteil   *am Ende legen sich alle auf
den Boden*

Alternativ können die ganzen Bewegungen auch frei im Raum ausgeführt werden.

Tipp: Führen Sie die Strophen nacheinander über mehrere Tage ein.
- Schmetterling: mit Tüchern tanzen
- Frösche: Knackfrösche (z. B. grün bemalte Hipp-Gläschendeckel mit Gesicht) im Metrum auf den Boden tippen. Die Kinder sitzen hierbei im Kreis. Alternativ können Klangfrösche gespielt werden.
- Marienkäfer: die Kinder durch Tunnel krabbeln lassen

Frühlingsallerlei

CD-Spieler
Musik, bspw. die Instrumentalversion des Frühlingsliedes (CD, Track 35)
Äste, Blätter, Moos, Steine, Blümchen, Erde

Vorbereitung:
Mit den Kindern die Gegenstände besprechen und fühlen lassen. Für jeden Gegenstand gibt es eine bestimmte Bewegung.

- Äste: mit dem Körper einen Baum darstellen, auf einem Bein stehen, Arme gestreckt über den Kopf halten
- Blätter: auf beiden Füßen stehen, Arme rund über den Kopf halten

- Moos: auf den Rücken legen
- Steine: kleines Päckchen mit dem Körper darstellen

Blümchen: Schmetterlingssitz (Fußsohlen aneinander) und mit den Händen vor der Brust eine Blüte darstellen
Erde: sich auf den Bauch legen

Die verschiedenen Haltungen werden mit den Kindern mehrmals geübt. Können alle Kinder diese den Gegenständen zuordnen, beginnt das Musikstoppspiel. Während die Musik spielt, tanzen die Kinder frei durch den Raum. Wenn die Musik stoppt, zeigt die Erzieherin einen Gegenstand bzw. eine Bildkarte und die Kinder stellen dann die dazugehörige Haltung dar.

Tipp: Als Abschluss kann mit den Gegenständen ein hübsches Frühlingsmandala gelegt werden.

Raupentanz

CD-Spieler
Musik, bspw. die Instrumentalversion des Frühlingsliedes (CD, Track 35)

Alle Kinder stehen hintereinander. Dabei liegen die eigenen Hände auf den Schultern des Vordermanns. Während die Musik spielt, gehen alle Kinder als

Raupe langsam durch den Raum. Wenn die Musik stoppt, geht das vordere Kind nach hinten und das nächste Kind darf die Raupe anführen.

Tipp: Anfangs können die Kinder auch als Schlange (Hände gefasst) durch den Raum gehen.

Schwieriger wird das Spiel, wenn die Kinder, mit Ausnahme des Führungskindes, ihre Augen schließen. Viele Kinder mögen dies in den ersten Lebensjahren noch nicht so gerne, insofern darf dies immer nur ein Angebot sein.

Zauberband

Jedes Kind erhält ein ca. 1m langes dünnes Bleiband (Gardinenbleiband).
Jedes Kind hält das Band an einem Ende in Augenhöhe vor dem eigenen Körper. Dann lässt es das Bleiband langsam zu Boden sinken. Die Kinder versuchen nun mit dem Band auf dem Boden verschiedene Figuren zu legen, bspw.

- ein Regenwurm
- ein Schneckenhaus
- eine Blume
- ein Teich

Am Ende können alle Kinder gemeinsam eine Sonne legen, indem ein Band zu einem Kreis gelegt wird und alle anderen Kinder ihre Bänder als Strahlen anlegen.

Blumenwiese

Im Garten vor unserem Haus
säen wir Blumensamen aus.
Und wenn wir unsre Blumen gießen,
sehn wir bald schon Blüten sprießen.

Jedes Kind erhält ein Chiffontuch, das es zu den ersten beiden Verszeilen klein zusammenknüllt und in seinen Händen versteckt. Anschließend werden die Hände langsam geöffnet, so dass das Tuch zu einer Blüte aufspringt.

Die Kinder können auch leicht eigene Blumen basteln. Hierfür den Umriss einer einfachen Blüte auf ein weißes Blatt skizzieren, vervielfältigen und ausschneiden. Die gleiche Blüte in leicht vergrößerter Form ebenfalls aufzeichnen, auf buntes Papier kopieren und ebenfalls ausschneiden. Jedes Kind kann nun eine weiße Blüte bemalen. Anschließend wird diese auf eine bunte Blüte gelegt. Eine Musterklammer in der Mitte kann beide Blüten zusammenhalten. Schöner wird die Blüte, wenn eine kleine Schmuckperle in der Mitte die Blütenscheibe darstellt. Mit einem Faden ist sie schnell und einfach auf dem Papier befestigt.

Gemeinsam kann dann mit allen Blumen eine große Blumenwiese im Raum gelegt werden, die wiederum für ein Musikstoppspiel genutzt werden kann. Zu einer Laufmusik, bspw. CD, Track 35 fliegen alle Kinder als Schmetterlinge oder Bienen durch den Raum, dabei darf natürlich keine Blüte berührt werden. Wenn die Musik stoppt, kehren alle Kinder zu ihrer Blume zurück.

Auf Partnersuche

Manchmal bin ich gar nicht gern allein,
dann lad ich Freunde zu mir ein.

Wir spielen schön zu zweit, zu dritt,
die Zeit vergeht mit schnellem Schritt.

Wir tanzen zu zweit

Text: Bettina Scheer, Elke Gulden, Musik: Ralf Kiwit

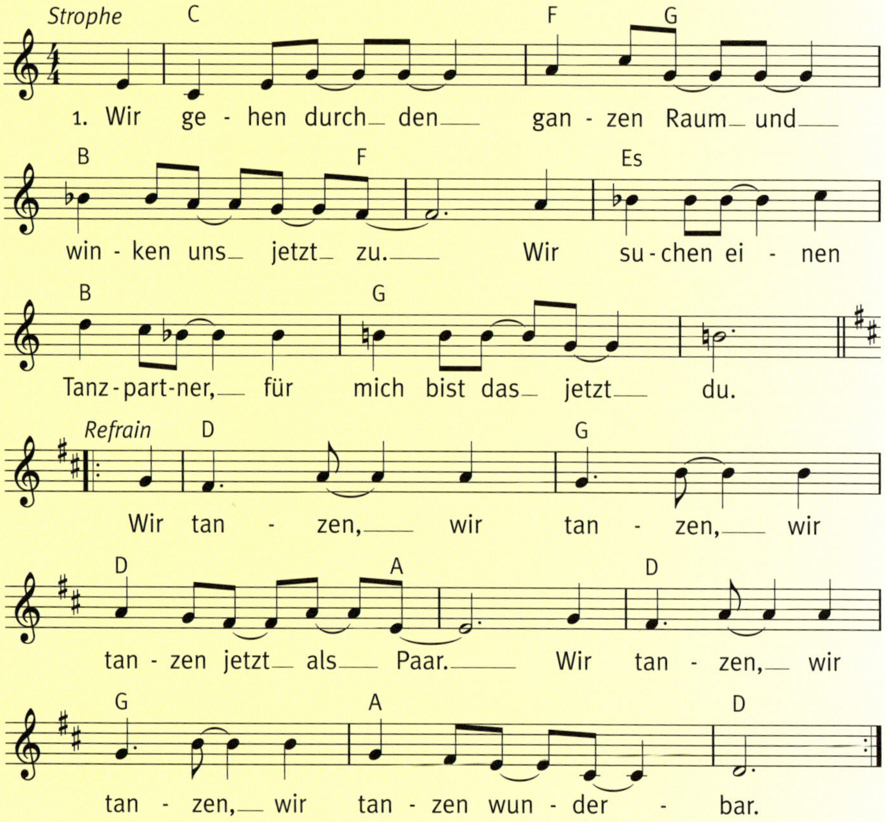
Strophe
C F G
1. Wir ge - hen durch den gan - zen Raum und
B F Es
win - ken uns jetzt zu. Wir su - chen ei - nen
B G
Tanz - part - ner, für mich bist das jetzt du.
Refrain
D G
Wir tan - zen, wir tan - zen, wir
D A D
tan - zen jetzt als Paar. Wir tan - zen, wir
G A D
tan - zen, wir tan - zen wun - der - bar.

1. Wir gehen durch den ganzen Raum
   und winken uns jetzt zu.
   Wir suchen einen Tanzpartner,
   für mich bist das jetzt du.

einzeln durch den Raum gehen
winken
auf ein zweites Kind zugehen

Refrain
Wir tanzen, wir tanzen,
wir tanzen jetzt als Paar.
Wir tanzen, wir tanzen,
wir tanzen wunderbar.
Wir tanzen, wir tanzen,
wir tanzen jetzt als Paar.
Wir tanzen, wir tanzen,
wir tanzen wunderbar.

gegenüberstehen, beide Hände
parallel reichen, gemeinsam
drehen

Richtungswechsel

2. Wir schleichen durch den ganzen Raum
   und winken uns jetzt zu.
   Wir suchen einen Tanzpartner,
   für mich bist das jetzt du.

einzeln durch den Raum schleichen
s. o.

Refrain
Wir drehen, wir drehen,
wir drehn uns jetzt als Paar.
Wir drehen, wir drehen,
wir drehn uns wunderbar.
Wir drehen, …

gegenüberstehen, die rechten
Arme einhaken, gemeinsam
drehen

Richtungswechsel

wie 1. Wir gehen …

Refrain
Wir tanzen …

Weitere Handhaltungen:
- gegenüberstehen, beide Hände überkreuz reichen und sich gemeinsam drehen
- gegenüberstehen, die rechten Handinnenflächen gegeneinander legen und sich gemeinsam drehen
- gegenüberstehen, beide Hände auf die Unterarme des Partners legen und sich gemeinsam drehen

Varianten

Die Bewegung „durch den Raum gehen" kann natürlich durch andere Fortbewegungsarten, wie stampfen, schleichen, hüpfen etc. ersetzt werden (s. Strophe 2). Allerdings sollte das Lied den Kindern dann bereits gut bekannt sein, denn für viele Kleinkinder ist das Winken während einer Fortbewegung und das direkt darauf folgende Finden eines Tanzpartners bereits eine große Herausforderung. Insofern empfehlen wir, zum Tanzen mit den Kindern die Instrumentalversion des Liedes (CD, Track 37) zu verwenden und die Strophen dazu selbst zu singen.

Mein Tanzpartner – der Luftballon

Auch mit Materialien lässt es sich wunderschön gemeinsam tanzen.
Zu der Melodie des Liedes kann beispielsweise auch der folgende Liedtext gesungen werden:

Ich gehe mit dem Luftballon,
ich schwing ihn hin und her.
Ich gehe mit dem Luftballon
und schwingen ist nicht schwer.

Wir tanzen, wir tanzen
mit dem Luftballon, hurra!
Wir tanzen, wir tanzen,
das klappt ganz wunderbar.

Hierfür erhält jedes Kind einen aufgeblasenen Luftballon. Dabei fällt es insbesondere kleinen Kindern leichter, wenn sie diesen nicht direkt an seinem Knoten festhalten müssen, sondern vielmehr an einem kurzen Band halten können. Am einfachsten ist es hier, ein Stück weiches Hosengummi zu verwenden, das auf der einen Seite am Ballon befestigt wird und dessen Ende zu einer Schlaufe zusammengeknotet wird, die die Kinder einfach über ihr Handgelenk streifen können. Eine weitere Alternative bieten beispielsweise Holzgardinenringe, an denen ein Stück Schnur sehr einfach befestigt werden kann. Diese können auch schon kleine Kinder gut in ihren Händchen halten.

Die Kinder können mit ihrem Luftballon nun auf unterschiedliche Weise interagieren. Sie können beispielsweise
- durch den Raum laufen und dabei den Ballon in Kopfhöhe hinter ihren Rücken halten
- sich bei gleicher Ballonhaltung um die eigene Achse drehen
- den Luftballon nach unten halten und versuchen, ihn mit ihren Füßen zu kicken
- den Ballon als Lasso schwingen
- den Ballon als Pendel vor dem Körper schwingen
- zu zweit zusammengehen, sich die inneren Hände reichen und ihre Ballons gemeinsam vor- und rückwärts schwingen

Variante
Anstelle der Luftballons lassen sich natürlich auch andere Materialien verwenden, wie beispielsweise Tücher.

Ein jeder geht mit seinem Tuch,
wir winken uns jetzt zu.
Wir suchen einen Tanzpartner,
für mich bist das jetzt du.

Wir tanzen, wir tanzen,
wir tanzen jetzt als Paar.
Wir tanzen, wir tanzen,
wir tanzen wunderbar.

In der ersten Strophe schwingen die Kinder ihr Tuch während sie durch den Raum gehen und winken sich damit zu. Haben sie einen Tanzpartner gefunden, verbinden sie sich über die Tücher miteinander. Allerdings brauchen insbesondere die Kleinen dabei anfangs Hilfe.
Viele unterschiedliche Verbindungen sind dabei denkbar:

Jetzt tanze ich mit ...

CD-Spieler
Laufmusik, bspw. die Instrumentalversion des Liedes „Wir tanzen zu zweit"
(CD, Track 37)
Kartenpaare

Für dieses Spiel werden halb so viele Kartenpaare benötigt, wie Kinder mitspielen. Hierfür kann ein beliebiges Memoryspiel verwendet werden. Die Karten werden gleichmäßig mit etwas Abstand an einer Wand zugedeckt verteilt.
Während die Musik spielt, laufen die Kinder einzeln durch den Raum. Stoppt die Musik, nimmt sich jedes Kind so schnell wie möglich eine Karte. Nun bilden die beiden Kinder, die das gleiche Motiv gezogen haben, ein Tanzpaar. Die Musik erklingt erneut und die Kinderpaare tanzen gemeinsam durch den Raum.
Bei dem nächsten Musikstopp, legen die Kinder ihre Karte zurück und tanzen wieder alleine durch den Raum, um sich beim nächsten Mal einen neuen Tanzpartner zu suchen.

Für ältere Kinder besteht die Möglichkeit, dass sie ihre Karten in eine kleine Schale zurücklegen und die Erzieherin, während die Paare tanzen, neue Kartenpaare auslegt. Dieses Mal jedoch nur so halb viele, wie sich Paare gebildet haben. Stoppt die Musik das nächste Mal, nimmt sich jedes Paar eine neue Karte und tanzt nun zu viert mit dem Paar, das das gleiche Motiv gezogen hat.

Es fliegt ein kleines Vögelchen

Es fliegt ein kleines Vögelchen
in einen großen Baum.
Sein traumhaft schönes Tiriliern
erfüllt den ganzen Raum.

Ein zweites Vöglein fliegt hinzu
Und sitzt dann direkt neben ihm.
Die beiden schaun sich fröhlich an
und fliegen jetzt zu zweit im Team;
die beiden schaun sich fröhlich an
und fliegen jetzt im Team.

Alle Kinder stehen im Kreis. In der Kreismitte liegt ein Reifen. Ein Kind spielt den ersten Vogel und fliegt durch den Kreis, bevor es sich in der Hocke in den Reifen setzt. Ein zweites Vögelchen fliegt nun, wie es der Text beschreibt, zu dem ersten Vogel. Die beiden sehen sich an und fliegen anschließend Hand in Hand einmal um den Kinderkreis herum, bevor beide Kinder an ihren ursprünglichen Platz zurückkehren.

Der Text lässt sich im Übrigen auf die Melodie des Liedes „Ein Mann, der sich Kolumbus nannt" singen. Am Ende, wenn beide Vögelchen zusammen fliegen, kann gerne auch noch eine weitere Strophe angehängt werden, die dann auf „la-la-la" gesungen wird.

Mit dem Fahrrad durch die Welt

Mit dem Fahrrad fahre ich
durch die weite Welt,
ich trete mit den Beinen,
das kostet mich kein Geld.

Die Kinder liegen mit ihrem Rücken auf dem Boden und versuchen die typische Fahrradbewegung mit den Beinen nachzuahmen. Kleinere Kinder liegen der Erzieherin gegenüber, die ihre Handinnenflächen gegen die Fußsohlen des Kindes legt und so mit ihren Armen Rad fährt. Anschließend können immer zwei Kinder versuchen, gemeinsam Tandem zu fahren, indem sie sich gegenüberliegen und ihre Fußsohlen aneinander legen. Auch wenn das Radeln oftmals noch nicht ganz gelingt, führt die Übung meist doch zu viel Gelächter.

Tipp: Zuvor können die Kinder auch gerne ihre Handinnenflächen gegeneinander legen und mit den Händen die Fahrradbewegung ausführen. Hierfür sollten insbesondere die Kleinen ihre Finger kreuzen.

Ausflug der Kätzchen

CD-Spieler
Laufmusik, bspw. die Instrumentalversion des Liedes „Wir tanzen zu zweit"
(CD, Track 37)
Reifen

Jeweils zwei Kinder sitzen als Katzen in einem Reifen (Katzenkörbchen). Während die Musik spielt, krabbeln alle Kinder als Katzen durch den Raum. Bei Musikstopp finden sich die Katzenpaare wieder in ihrem Körbchen.

Variante

Während die Musik spielt, verlässt eine Katze jeden Paares (wie zuvor besprochen) das Körbchen und krabbelt durch den Raum. Das andere Kind bleibt sitzen. Bei Musikstopp kommt das krabbelnde Kind wieder zurück ins Körbchen. Anschließend wird die Rolle gewechselt und das andere Kind bewegt sich nun durch den Raum.

Weitere Variante

Jeweils zwei Kinder sitzen nebeneinander, die Kinderpaare sind dabei frei im Raum verteilt. Während die Musik spielt, bewegen sich alle Kinder als Katzen frei durch den Raum. Bei Musikstopp suchen sich die beiden Katzen, geben sich die Hände und tanzen eine Runde gemeinsam.

Tipp: Die Katzen können durch andere Tiere und deren Bewegungen ersetzt werden. Wie z.B.: galoppierende Pferde (Pferdekoppel) oder springende Frösche (Teich) etc.

Wer sucht, der findet

CD-Spieler
Musik, bspw. die Instrumentalversion des Liedes „Wir tanzen zu zweit"
(CD, Track 37)
für die Hälfte der Kinder Chiffontücher und für die anderen Kinder Gymnastikbänder (od. ein Stab mit Kreppbändern)

Alle Kinder tanzen mit ihrem Material zur Musik durch den Raum. Bei Musikstopp
finden sich jeweils ein „Tuchkind" und ein „Bandkind" zusammen. Dann werden
die Materialien getauscht. Je nach Altersstufe und Übung der Kinder kann die
Anzahl der Materialien(Seile, Federn etc.) erhöht werden.

Tanzende Tücher

Tücher gibt's unendlich viele.
Dafür gibt's auch tolle Spiele:
Von Verkleiden bis Verstecken
kann man so jemand' erschrecken.

Tanzende Tücher

Text und Musik: Elke Gulden, Bettina Scheer

Bun - te Tü - cher tan - zen heut' und ha - ben da - bei ganz viel Freud. Sie tan - zen hier und dort ganz keck, ver - schwin - den dann in ihr Ver - steck. Doch plötz - lich sind sie wie - der da und al - le ru - fen laut: „Hur - ra!"

Bunte Tücher tanzen heut'
und haben dabei ganz viel Freud.
Sie tanzen hier und dort ganz keck,
verschwinden dann in ihr Versteck.

die Tücher frei in der Luft tanzen lassen

das eigene Tuch verstecken, z. B. hinter dem Rücken, im Ärmel, im Hosenbund etc.

Doch plötzlich sind sie wieder da
und alle rufen laut: „Hurra!"

Bunte Tücher winken heut' ...

die Tücher auf und ab bewegen (kleine Bewegungen)

Bunte Tücher fliegen heut' ...

die Tücher in die Luft werfen und wieder auffangen

Bunte Tücher zappeln heut' ...

die Tücher durch kleine Handgelenks-bewegungen zittern lassen

Bunte Tücher dreh'n sich heut' ...

die Tücher nach unten halten und das Handgelenk drehen

Bunte Tücher schwingen heut' ...

die Tücher auf und ab bewegen (große Bewegungen)

Bunte Tücher schaukeln heut' ...

die Tücher seitlich schwingen

Tücher in verschiedenen Farben

Das Lied lässt sich sehr leicht in Bezug auf die unterschiedlichen Farben der Tücher ableiten, wobei immer die Kinder durch den Raum tanzen dürfen, die ein Tuch in der besungenen Farbe in Händen halten, bspw:

Rote Tücher tanzen heut' ...
Gelbe Tücher tanzen heut' ...
Blaue Tücher tanzen heut' ...
Grüne Tücher tanzen heut' ...

Noch interessanter wird es allerdings, wenn auch eine neue Bewegungsidee ins Spiel kommt. Hierzu muss der Text nur ein klein wenig mehr variiert werden, z. B.

Rote Tücher laufen heut'
um unsern Kreis mit ganz viel Freud.
Am Ende stehn sie wieder stumm
mit uns in unserm Kreis herum.
Und plötzlich sind sie wieder da
und alle rufen laut: „Hurra!"

Dabei stehen alle Kinder in einem großen Kreis zusammen. Die Kinder, die ein Tuch in der entsprechenden Farbe besitzen, dürfen nun außen um den Kinderkreis herum laufen, während alle anderen das Lied singen. Hierzu kann auch gerne die Instrumentalversion (CD, Track 38) begleiten. Am Ende der Strophe kehrt jedes Kind zu seinem Ausgangsplatz zurück und alle Tücher winken fröhlich in der Luft.

Selbstverständlich kann neben der Farbe in jeder Strophe auch noch die Fortbewegungsart neu gewählt werden:

Blaue Tücher *stampfen* heut' …
Grüne Tücher *hüpfen* heut' …
Gelbe Tücher *schleichen* heut' …

Tücher, Tücher, Tücher

Anstatt Tücher immer nur in Bezug auf ihre Farbe zu differenzieren, können auch einmal unterschiedliche Tucharten zum Einsatz kommen, wie bspw: Taschentücher, Brillenputztücher, Bodenputztücher, Fensterleder, Spültücher etc.

Hierbei stehen alle Kinder in einem Kreis und jedes Kind erhält ein Tuch. Gemeinsam wird besprochen welche Tuchart jedes Kind in Händen hält. Anschließend wird das Lied „Tanzende Tücher" gesungen, wobei „bunte Tücher" ersetzt wird durch den Namen einer Tuchart, bspw.:

Taschentücher tanzen heut' …

Jetzt dürfen immer die Kinder mit der besungenen Tuchart in die Kreismitte gehen und dort gemeinsam tanzen. Alle anderen Kinder klatschen im Grundschlag mit.

Tüchertausch

Lieder mit Materialien eignen sich in der Regel auch immer gut zum Erlernen von Abgeben und Tauschen. Wieder sind nur wenige Worte des Liedtextes zu tauschen:

Bunte Tücher tausch' ich heut'
und habe dabei ganz viel Freud.
Wir tauschen hier und dort ganz keck,
doch dann verschwindet's im Versteck.
Doch plötzlich ist es wieder da
und alle rufen laut: „Hurra!"

Alle Kinder gehen dazu frei durch den Raum und tauschen ihr Tuch immer wieder mit einem anderen Kind oder einer Erzieherin. Am Ende versteckt jeder sein Tuch hinter seinem Rücken, in seinem Ärmel, in der Hosentasche o.ä., um es in der letzten Strophenzeile wieder hervorzuziehen und damit fröhlich in der Luft zu wedeln.

Ball statt Tuch

Die Liedmelodie lässt sich auch sehr gut in ein kleines Balllied verwandeln:

Roll, roll, roll, du runder Ball,
du rollst im Kreis, bist überall.
Du rollst von hier nach da geschwind,
du rollst schnurstracks von Kind zu Kind.
Du rollst im Kreis ganz wunderbar,
wir rufen alle laut: „Hurra!"

Alle Kinder sitzen in einem Kreis. Während das Lied gesungen wird, wird ein Ball im Kreis hin und her gerollt. Ziel ist es, dass jedes Kind, das den Ball erhält, diesen möglichst schnell wieder abspielt. Je nach Alter der Kinder können auch 2 oder 3 Bälle im Kreis gespielt werden:

Rollt, rollt, rollt, ihr runden Bälle,
ihr rollt im Kreis, seid überall.
Ihr rollt von hier nach da geschwind,
ihr rollt schnurstracks von Kind zu Kind.
Ihr rollt zu uns ganz wunderbar,
wir rufen alle laut: „Hurra!"

Das Zugfahrlied

**Fahrgäste mit gültigem Fahrschein
steigen in den Zug auf Gleis 9 ein.**
*beide Handflächen im Wechsel auf die
Oberschenkel patschen*

Der Schaffner pfeift, die Tür'n gehn zu,
*1× pfeifen und beide Hände
laut auf den Boden schlagen*
der Zug fährt los: tschu-tschu, tschu-tschu.
*beide Handflächen im Wechsel auf die
Oberschenkel patschen*

Mit Tschu auf großer Fahrt

Text: Bettina Scheer, Elke Gulden, Musik: Ralf Kiwit

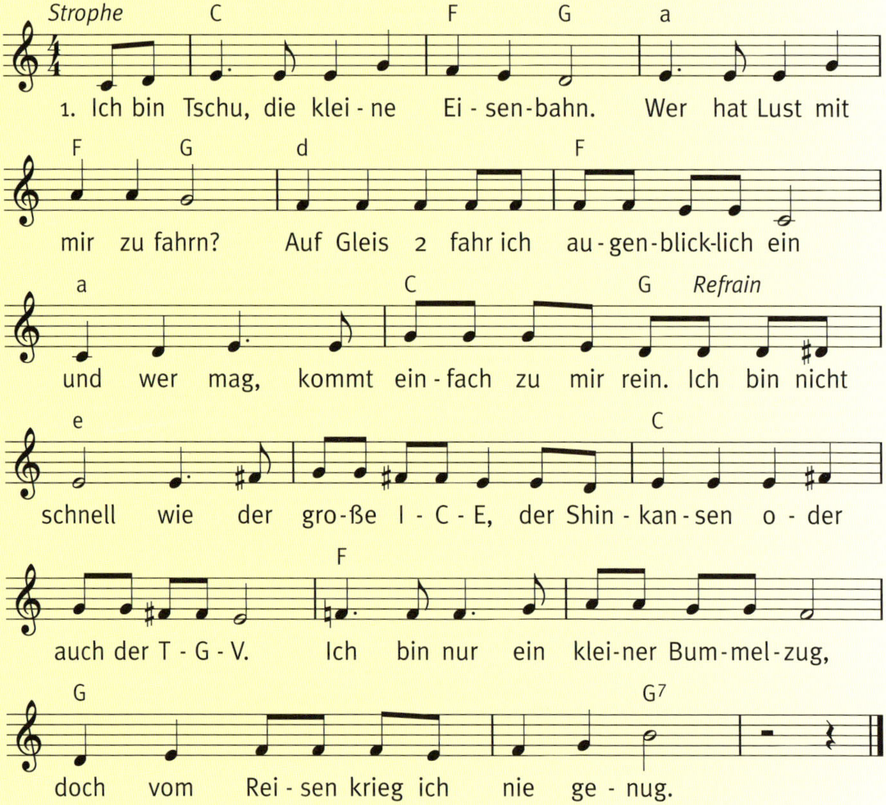
Strophe
C F G a
1. Ich bin Tschu, die klei - ne Ei - sen-bahn. Wer hat Lust mit
F G d F
mir zu fahrn? Auf Gleis 2 fahr ich au - gen - blick-lich ein
a C G Refrain
und wer mag, kommt ein - fach zu mir rein. Ich bin nicht
e C
schnell wie der gro - ße I - C - E, der Shin - kan - sen o - der
F
auch der T - G - V. Ich bin nur ein klei-ner Bum-mel-zug,
G G7
doch vom Rei - sen krieg ich nie ge - nug.

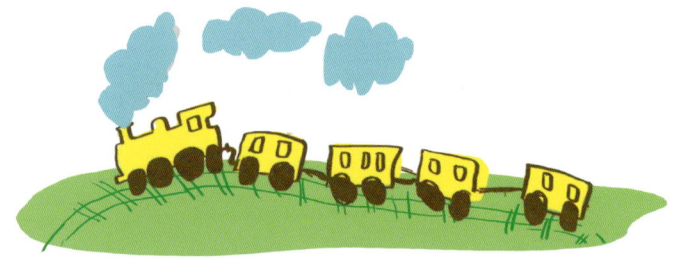

Gesprochen:
Achtung, an der Bahnsteigkante! Es hält Einfahrt: die kleine Eisenbahn Tschu.

1. Ich bin Tschu, die kleine Eisenbahn.
   Wer hat Lust mit mir zu fahrn?
   Auf Gleis 2 fahr ich augenblicklich ein
   und wer mag, kommt einfach zu mir rein.

Refrain
Ich bin nicht schnell wie der große ICE,　　*durch den Raum fahren*
der Shinkansen* oder auch der TGV**.
Ich bin nur ein kleiner Bummelzug,
doch vom Reisen krieg ich nie genug.

2. Mit mir kannst du durch die Gegend fahrn　*Arme nach oben strecken,*
   und so ganz viel über unser Land erfahrn.　*langsamer fahren*
   Ich fahr durch Wälder und so manche Stadt,
   unser Land ist mal hügelig, mal platt.　　　*stehen bleiben, dann schnel-*
   　　　　　　　　　　　　　　　　　　　　ler weiterfahren

Refrain
Ich bin nicht schnell wie der große ICE,
der Shinkansen oder auch der TGV.
Ich bin nur ein kleiner Bummelzug,　　　*in scharfen Kurven fahren*
doch vom Reisen krieg ich nie genug.

3. Manchmal fahr ich einen Berg hinauf.
   Dann hörst du mein lautes Tschu-Geschnauf.
   Hie und da bleib ich oben schon mal stehn,
   genieß die Aussicht, dann kann's weitergehn. *in einem großen Kreis fahren*

---

* japanischer Hochgeschwindigkeitszug
** TGV [teʒe've:] = train à grand vitesse (französischer Hochgeschwindigkeitszug)

Refrain
Ich bin nicht schnell wie der große ICE, ...

4. Ich fahr um Seen auf meiner Ausflugsfahrt
dann sehe ich so manche Vogelart.
Schnatterenten, Schwäne und auch eine Gans
betrachte ich bei ihrem Wassertanz.   *plötzlich stehen bleiben*

Refrain
Ich bin nicht schnell wie der große ICE, ...

5. Ganz gemütlich fahre ich durchs Land,
und das ist immer super interessant.
Durch Dörfer, Wiesen und so manches Feld
ich halte einfach dort, wo's mir gefällt.

Refrain
Ich bin nicht schnell wie der große ICE, ...

Tunnelbau

Wir stehn vor einem großen Berg
und bauen gleich ein Meisterwerk.

alle Kinder stehen in einer Reihe vor einer Wand und formen mit ihren Händen einen Berg

Ein langer Tunnel soll es werden,
doch woll'n wir niemanden gefährden.

jedes Kind streckt seine Arme in Schulterhöhe zur Seite aus, die Abstände der Kinder werden korrigiert

Pfeiler bau'n ist unsre Pflicht,
damit hier nichts zusammenbricht.

die Kinder gehen auf die Wand zu und stützen sich mit den Handflächen an ihr ab, ihr Körper steht dabei diagonal zum Boden

Fertig ist das Meisterwerk,
der Zug fährt jetzt durch diesen Berg.

das erste Kind läuft zwischen Wand und Kinderreihe unter den Kinderarmen hindurch und stellt sich hinten wieder mit seinen Händen an die Wand

Wenn die Kinder das Prinzip des Tunnelbaus verstanden haben, kann dieser auch durch Kinderpaare mitten im Raum gebildet werden. Hierzu stehen sich immer zwei Kinder gegenüber. Sie beugen ihre Körper zueinander und stützen sich mit ihren Handinnenflächen gegenseitig ab. Das erste Kinderpaar beginnt und läuft gemeinsam hintereinander durch den Tunnel. Am Ende stellt es sich wieder auf.

Güterzüge

Züge transportieren nicht nur Fahrgäste, sondern auch Waren aller Art. Jedes Kind mimt nun einen Güterzug und krabbelt im Vierfüßlerstand von einem Raumende zum anderen. Dabei transportiert es bspw. ein Sandsäckchen auf seinem Rücken. In der nächsten Runde können dann 2, 3 und 4 Säckchen auf einmal mitgenommen werden. Wer schafft es, die meisten Sandsäckchen ohne Verluste auf die andere Raumseite zu bringen?

Alternativ können auch mehrere Kinder einen Zug bilden. Hierbei gehen alle Kinder hintereinander in den Vierfüßlerstand und der Hintermann umfasst mit seinen Händen die Fußgelenke des Vordermanns. Wie viele Waggons lassen sich wohl auf diese Weise anhängen, ohne dass der Zug beim Fahren auseinander bricht?

Tipp: Die Kinder haben besonders großen Spaß, wenn bei allen Zugspielen eine Trillerpfeife die Abfahrt signalisiert. Gerne können Sie auch während des Spiels das Lied der kleinen Eisenbahn Tschu (CD, Track 15) laufen lassen.

Alle aus der Bahn

Langsam, langsam fährt die Bummelbahn,   *die Kinder gehen langsam durch*
doch ganz plötzlich, doch ganz plötzlich   *den Raum*
fährt sie im Affenzahn.
„Achtung! Alle aus der Bahn!"   *die Kinder rennen durch den Raum*

Dieser kleine Vers eignet sich besonders zum Einstieg in die Umsetzung der Parameter langsam und schnell. Die ersten Zeilen werden dabei deutlich im Metrum gesprochen, während der Ausruf am Ende erschrocken und mit höherer Stimme laut gerufen wird.

Langsam und schnell

Die Bummelbahn fährt langsam,
der ICE fährt schnell.
Ein jeder hat sein Tempo
und das ist sehr speziell.

Der Luftballon fliegt langsam,
das Flugzeug fliegt sehr schnell.
Ein jeder hat sein Tempo
und das ist sehr speziell.

Die Schnecke kriecht ganz langsam,
der Löwe rennt sehr schnell.
Ein jeder hat sein Tempo
und das ist sehr speziell.

Das Segelboot fährt langsam,
das Motorboot fährt schnell.
Ein jeder hat sein Tempo
und das ist sehr speziell.

Die Kinder bewegen sich in dem entsprechenden Tempo durch den Raum. Zur akustischen Unterstützung kann zusätzlich die Handtrommel geschlagen werden. In jedem Fall sollte sich das Tempo jedoch auch in der Sprechstimme widerspiegeln, d.h. die jeweils ersten Zeilen einer jeden Strophe werden betont langsam gesprochen, die zweiten Zeilen dagegen betont schnell.

Es tanzt der Wald

Menschen gehen gerne in den Wald.
Sie genießen dort den Aufenthalt.
Fernab von Straßenlärm und Krach
lauschen sie 'nem kleinen Bach.
Vogelgezwitscher ist zu hören,
manchmal hört man Hirsche röhren.
Blätter rascheln leise vor sich hin,
da möchte niemand mehr woandershin.

Im Wald wird niemand kalt

Text: Bettina Scheer, Elke Gulden, Musik: Ralf Kiwit

triolische Achtel

1. Die Kin-der— ren-nen— durch den Wald,— denn
so wird— ih-nen— nie-mals kalt.— Und sie ren-nen:
tipp, tipp,— tipp.— Und sie ren-nen: tipp, tipp, tipp.
— Sie ren-nen laut und sie ren-nen leis,
so ren-nen sie im gro-ßen Kreis.

Die Kinder stehen in einem großen Kreis und reichen sich die Hände.

1. Die Kinder rennen durch den Wald,   *im Kreis laufen*
   denn so wird ihnen niemals kalt.
   Und sie rennen: tipp, tipp, tipp.
   Und sie rennen: tipp, tipp, tipp.
   Sie rennen laut und sie rennen leis,
   so rennen sie im großen Kreis.

   Richtungswechsel
2. Die Hirsche traben durch den Wald,   *im Kreis hüpfen*
   denn so wird ihnen niemals kalt.
   Und sie traben: trapp, trapp, trapp.
   Und sie traben: trapp, trapp, trapp.
   Sie traben laut und sie traben leis,   *Lautstärke variieren*
   so traben sie im großen Kreis.

   Richtungswechsel
3. Die Bären stapfen durch den Wald,   *im Kreis stapfen*
   denn so wird ihnen niemals kalt.
   Und sie stapfen: stapf, stapf, stapf.
   Und sie stapfen: stapf, stapf, stapf.
   Sie stapfen laut und sie stapfen leis,   *Lautstärke variieren*
   so stapfen sie im großen Kreis.

   Richtungswechsel
4. Die Hasen hoppeln durch den Wald,   *im Kreis hüpfen*
   denn so wird ihnen niemals kalt.
   Und sie hoppeln: hopp, hopp, hopp.
   Und sie hoppeln: hopp, hopp, hopp.
   Sie hoppeln laut und sie hoppeln leis,   *Lautstärke variieren*
   so hoppeln sie im großen Kreis.

   Richtungswechsel

5. Die Füchse schleichen durch den Wald,
   denn so wird ihnen niemals kalt.
   Und sie schleichen: schleich, schleich,
   schleich.
   Und sie schleichen: schleich, schleich,
   schleich.
   Sie schleichen laut und sie schleichen leis,
   so schleichen sie im großen Kreis.

im Kreis schleichen

*Richtungswechsel, Hände
lösen*

6. Die Eulen fliegen durch den Wald,
   denn so wird ihnen niemals kalt.
   Und sie fliegen: flieg, flieg, flieg.
   Und sie fliegen: flieg, flieg, flieg.
   Sie fliegen laut und sie fliegen leis,
   so fliegen sie im großen Kreis.

im Kreis fliegen

Richtungswechsel

7. Die Förster schreiten durch den Wald,
   denn so wird ihnen niemals kalt.
   Und sie schreiten: schritt, schritt, schritt.
   Und sie schreiten: schritt, schritt, schritt.
   Sie schreiten laut und sie schreiten leis,
   so schreiten sie im großen Kreis.

*im Kreis schreiten, Hände
sind hinter dem Rücken ver-
schränkt*

8. Die Igel schlafen in dem Wald,
   denn so wird ihnen niemals kalt.
   Und sie schnarchen: schnarch, schnarch,
   schnarch.
   Und sie schnarchen: schnarch, schnarch,
   schnarch.
   Sie schnarchen laut und sie schnarchen leis,
   so schlafen sie im großen Kreis.

sich auf den Boden legen

Schnarchgeräusche

Lautstärke variieren

Bevor das Lied mit den Kindern umgesetzt wird, werden zunächst noch einmal alle Bewegungsformen mit den Kindern geübt. Gemeinsam gehen, hüpfen, stapfen, schleichen … alle durch den Raum. Dabei können die folgenden Zweizeiler unterstützen, die entsprechend rhythmisch gesprochen werden:

Gehen, gehen ist ganz wundervoll,
gehen, gehen, das macht ihr wirklich toll.

Hüpfen, hüpfen ist ganz wundervoll,
hüpfen, hüpfen, das macht ihr wirklich toll.

Zur Abwechslung kann auch ein kleiner Parcours durch den Raum gelaufen werden. Hierfür werden lediglich etwas Kreppband, 4 Reifen, eine dicke weiche Matte, 4 Seile und 1 Langbank benötigt. Das Kreppband stellt dabei einen Waldpfad dar, die Reifen symbolisieren die Baumstämme und liegen in einem großen Carrée um die blaue Weichbodenmatte, die Seile liegen mit einem Abstand von ca. 1m parallel hintereinander und die Langbank wird im Raum aufgestellt.

Alle Kinder stellen sich hinter der Erzieherin in einer langen Reihe auf und durchlaufen den Parcours zu den folgenden Zeilen.

Wir gehen, wir gehen, wir gehen durch den Wald. *über das am Boden klebende*
Dort sind die großen Bäume schon ururalt. *Kreppband laufen*

Wir schleichen, wir schleichen, wir schleichen *um die Reifen schleichen*
um jeden Stamm,
dann bauen wir im Bach einen Flussstaudamm. *auf der weichen Matte in die*
  Hocke gehen

Wir hüpfen, wir hüpfen, wir hüpfen über jeden *über die Seile hüpfen*
Ast,
doch danach machen wir erst einmal Rast. *auf die Langbank setzen*

Danach beginnt der Parcours von vorne. Dabei kann die erste Zeile gerne variiert werden, bspw.:

Wir stapfen, wir stapfen, wir stapfen durch den Wald ...
Wir springen, wir springen, wir springen durch den Wald ...
Wir tippeln, wir tippeln, wir tippeln durch den Wald ...

Der Text lässt sich leicht der Melodie des traditionellen Liedes „Im Frühtau zu Berge" anpassen. Hierfür werden die beiden zusammengehörenden Zeilen jeweils 3× hintereinander gesungen.

Kiefernzapfen

Bei einem Ausflug in den Wald können die Kinder große Kiefernzapfen sammeln, die anschließend im Kindergarten getrocknet werden. Sind alle Schuppen weit geöffnet, können die Kinder diese mit Plakafarben anmalen.
Die kleinen Bäumchen können nun beispielsweise für den oben beschriebenen Tanz in die Kreismitte gestellt werden.

Vielleicht lassen sich aber auch bei einem heimischen Förster ein paar dünne runde Baumscheiben besorgen. Dann kann jedes Kind seinen „Baum" auf eine solche Scheibe stellen (evtl. mit etwas Heißkleber befestigen) und alle „Bäume" können im Raum verteilt werden. Jetzt können sich die Kinder zu dem Lied durch den ganzen „Wald" bewegen. Zuvor können jedoch alle gemeinsam einen Spaziergang durch den neuen Wald machen. Zwischendurch kehrt jedes Kind zu „seinem" Baum zurück. Dabei können sich die Kleinen auch gegenseitig besuchen und ihre Bäumchen bewundern.
Eine weitere Möglichkeit besteht darin, dass sich jedes Kind als Blatt durch den Raum bewegt. Besonders schön ist dies, wenn hierfür Tücher zur Verfügung stehen.

Auch der folgende Bewegungsspruch lässt sich im „Kindergartenwald" umsetzen. Hierzu dürfen sich immer 2 bis 3 Kinder ein Tier aussuchen, dass sie darstellen möchten und mit dessen typischen Bewegungen sie sich durch den Raum bewegen, sobald ihr Tier genannt wird.

Der Hase hoppelt, hopp, hopp, hopp,
die Hirsche rennen im Galopp.
Die Füchse schleichen durch das Gras,
Eulen hab'n des Nachts ihren Spaß.
Der Förster passt auf alle auf,
jeden Tag im Jahresverlauf.

Laut und leise

Ein großer schwerer Bär,
stapft laut in unserm Wald umher,
ich hör ihn bis hierher.
Er stapft ganz laut umher.

Ein kleiner leichter Bär,
stapft leis in unserm Wald umher,
ich hör ihn nimmermehr.
Er stapft ganz leis umher.

Die Kinder stapfen laut bzw. leise zu dem Vers durch den Raum. Dabei wird das Stapfen in der ersten Strophe langsam lauter und in der zweiten Strophe langsam immer leiser. Der Text kann auch zur Melodie des alten Volksliedes „Ein Jäger aus Kurpfalz" gesungen werden. Dabei kann der „Bär" auch durch andere Tiere ergänzt werden, z. B. Elefant, Pferd usw.

Bäume

Die Kinder stehen festverwurzelt an einem Platz ihrer Wahl im Raum, ihre Arme sind als Äste ausgebreitet und sie wiegen sich im Wind. Zwischendurch kann die Erzieherin als Spaziergängerin vorbei kommen und sich an einen Baumstamm lehnen (natürlich vorsichtig), der selbstverständlich nicht wackeln darf. Besonders authentisch wird das Spiel, wenn jedes Kind eine Kopfkrone erhält, die es entweder als Laub- oder als Tannenbaum kennzeichnet. Diese Kronen lassen sich leicht analog der bekannten Geburtstagskronen herstellen. Anstelle der Kronenspitzen wird auf einer Seite jedoch ein einfacher Laub- oder Tannenbaum ausgeschnitten. Grüne Tücher in den Händen der Kinder sind ebenfalls ein schönes Blattsymbol. Das kleine Lied des Windes auf der CD (Track 26) über 3 ½ Minuten erzeugt für dieses Spiel eine wunderschöne ruhige Atmosphäre und lädt die Bäume zum Lauschen und Hören ein.

Wird auf 2 Kronen anstelle eines Baumes ein kleiner Vogel abgebildet, so können diese auch für folgendes Spiel eingesetzt werden: Alle Kinder sind Bäume und stehen verteilt im Raum. 2 Kinder sind Vögel und tragen jeweils eine Vogelkrone. Sie fliegen durch den Raum und landen wann immer sie möchten in einem Baum. Hierfür gehen sie zu einem Baumkind und setzen ihm ihre Krone auf. Dieses Kind fliegt nun als Vogel weiter, während das andere Kind zum Baum erstarrt. Es ist für die Kinder einfacher, wenn die Bäume für dieses Spiel keine Baumkrone tragen und die Vogelkrone ohne einen Tausch einfach nur den Besitzer wechselt.

Mit Pfiff

Ich kann mich strecken,
kann mich bücken,
kann ganz fest die Hände drücken.
Ich kann auch schnell durchs Zimmer flitzen
und auf ein Zeichen wieder sitzen.

Mit Pfiff

Text: Bettina Scheer, Elke Gulden, Musik: Ralf Kiwit

Wir flit-zen al - le durch den Raum, _ sind so schnell, man sieht _ uns kaum. _ Wir flit - zen al - le kreuz und quer, _ flit - zen hin und her. _ Passt jetzt al - le ganz gut auf, _ denn gleich er-tönt ein Pfiff. _ Dann blei-ben al - le _ Kin - der stehn und nie-mand wird mehr gehn. _

Strophe

1. Wir stamp - fen jetzt, wir klat - schen jetzt, _ wir dre - hen uns _ he - rum, wir stamp-fen jetzt, _ wir klat - schen jetzt, _ wir dre - hen uns _ he - rum. _

Refrain
Wir flitzen alle durch den Raum,   *alle Kinder laufen durch den Raum*
sind so schnell, man sieht uns kaum.
Wir flitzen alle kreuz und quer,
flitzen hin und her.

Passt jetzt alle ganz gut auf,
denn gleich ertönt ein Pfiff.
Dann bleiben alle Kinder stehn
und niemand wird mehr gehn.

Pfiff – Pause –   *stehen bleiben*

1. Wir stampfen jetzt,   *mit den Füßen stampfen*
   wir klatschen jetzt,   *in die eigenen Hände klatschen*
   wir drehen uns herum,   *sich um die eigene Achse drehen*
   wir stampfen jetzt,   *Wdh.*
   wir klatschen jetzt,
   wir drehen uns herum.

Refrain
Wir flitzen alle durch den Raum,   *s. o.*
sind so schnell, man sieht uns kaum.
Wir flitzen alle kreuz und quer,
flitzen hin und her.

Passt jetzt alle ganz gut auf,
denn gleich ertönt ein Pfiff.
Dann bleiben alle Kinder stehn
und niemand wird mehr gehn.

Pfiff – Pause –

2. Wir bücken uns,   *Oberkörper nach unten beugen, Hände auf den Boden*

   wir hocken uns,   *in die Hocke gehen*
   wir drehen uns herum,   *in der Hocke drehen*
   wir bücken uns,   *Hände unten lassen, Popo heben*
   wir hocken uns,   *s. o.*
   wir drehen uns herum.

Refrain
Wir flitzen alle durch den Raum …

3. Wir dehnen uns,   *Arme zu den Seiten ausstrecken*
   wir strecken uns,   *Arme über den Kopf nehmen und strecken*

   wir drehen uns herum,   *sich um die eigene Achse drehen*
   Wir dehnen uns,   *Wdh.*
   wir strecken uns,
   wir drehen uns herum.

Refrain
Wir flitzen alle durch den Raum …

4. Wir kitzeln uns,   *Arme über Kreuz auf den Bauch legen, sich kitzeln*

   wir setzen uns,   *auf den Popo setzen*
   wir drehen uns herum,   *auf dem Popo drehen*
   wir kitzeln uns,   *Wdh.*
   wir setzen uns,
   wir drehen uns herum.

Der Schornsteinfeger steigt aufs Dach

Der Schornsteinfeger steigt aufs Dach.	*am Platz gehen, die Hände dabei in Kopfhöhe im Wechsel übereinander setzen*
Und wenn er endlich oben ist,	*mit den Händen über dem Kopf ein Dach formen*
dann macht er richtig Krach.	*richtig laut trampeln*
Die Damen gehn zur Modenschau.	*am Platz gehen*
Und wenn's ihnen gefallen hat,	*einen Daumen als Okay-Zeichen zeigen*
dann machen sie Radau.	*laut in die Hände klatschen und jubeln*
Die Mondrakete will ins All.	*Kinder sitzen in der Hocke*
Und wenn sie mal gestartet ist,	*Arme über den Kopf strecken*
dann macht sie viel Krawall.	*mit den Fäusten laut auf den Boden trommeln*

Tipp: Nach der zweiten Zeile „Und wenn er endlich oben ist" bietet es sich an, die Klangplatten eines Glockenspiels oder Xylophons aufwärts anzuschlagen. Diese Spannung kann natürlich auch in den anderen beiden Strophen erzeugt werden.

Wie gehen wir?

CD-Spieler
Musik, bspw. die Instrumentalversion des Liedes „Mit Pfiff" (CD, Track 28)
1 Reifen

Ein Reifen liegt auf dem Boden des Bewegungsraumes. Die Kinder laufen zur Musik durch den Raum, dabei führt ihr Weg sie immer wieder durch den Reifen.

Die Erzieherin stoppt die Musik an beliebiger Stelle, wobei die einzige Bedingung ist, dass sich gerade ein Kind in dem Reifen befindet. Alle Kinder bleiben sofort stehen und das Kind in dem Reifen darf die nächste Fortbewegungsart bestimmen, mit der sich alle durch den Raum bewegen müssen, sobald die Musik weiterläuft.

Mögliche Fortbewegungsarten können dabei sein:
- auf zwei Füßen gehen
- Vierfüßlergehen
- auf beiden Unterarmen robben
- krabbeln
- auf den Zehenballen gehen
- auf den Fersen gehen
- auf den Fußaußenkanten gehen
- auf den Fußinnenkanten gehen

Wer oder was pfeift denn da?

Gemeinsam wird im Kreis überlegt, was alles pfeifen kann. Zur optischen Unterstützung legt die Erzieherin nacheinander Karten mit den Abbildungen (s. u., evtl. vergrößert) in den Kreis, die Abbildungen folgender „Gegenstände" zeigen:

- Dampflok
- Trillerpfeife
- Pfiff auf 2 Fingern
- Kind pfeift
- Wasserkessel
- Vogel

Zu jedem Bild werden die passenden Pfeifgeräusche der CD angehört (CD, Track 29–34).

Im Anschluss daran ertönt aus dem CD-Spieler jeweils ein beliebiges Pfeifgeräusch, das die Kinder den Karten zuordnen. Jedes Kind, das einen Pfiff richtig geraten hat, erhält die passende Bildkarte.

Mit den Kindern lassen sich ebenfalls zu den einzelnen Pfeifgeräuschen Bewegungen überlegen, z. B.:

- Trillerpfeife: durch den Raum rennen
- Dampflok: mit den Armen das Räderrollen darstellen und durch den Raum gehen
- Wasserkessel: am Platz springen
- Vogel: durch den Raum fliegen
- Kinderpfeifen: durch den Raum spazieren, in die Luft schauen
- Pfiff auf 2 Fingern: stehenbleiben

Zu Track 28 auf der CD lässt sich nun sehr schön ein Bewegungsspiel gestalten. Während der Instrumentalversion laufen die Kinder durch den Raum. Ertönt ein Pfiff ändert sich die Bewegung der Kinder in den zuvor besprochenen Ablauf. Besonders schön ist es, wenn die Erzieherin die entsprechende Bildkarte in diesem Moment auch noch hochhält.

Tipp: Für die Kinder ist es einfacher, wenn die Erzieherin aktiv mitmacht.

Beim Bildhauer

Die Kinder werden in zwei Gruppen eingeteilt. Die Hälfte der Kinder steht an einer Raumseite mit dem Blick zu einer Wand. Sie werden gleich als Besucher durch die Werkstatt des bekannten Bildhauers Benny Bensawowitsch gehen, um sich seine neuesten Arbeiten anzuschauen. Jedes Kind der zweiten Gruppe sucht sich einen Platz im Raum. Die Erzieherin stellt, setzt oder legt dieses Kind nun als Statue, während dieses versucht, diese Stellung zu halten und sich nicht zu bewegen. Die Besucher werden eingelassen und wandern bewundernd durch die Ausstellung. Anschließend werden die Rollen getauscht.
Schwieriger wird es, wenn die Erzieherin eine Statuenhaltung vormacht, die von den Kindern nachgestellt werden muss.

Mögliche Statuenhaltungen können sein:
- Füße geschlossen, die Arme seitlich am Körper nach unten strecken
- Füße leicht gegrätscht, die Arme gestreckt zur Seite
- Ferse auf den Standfuß stellen, die Arme über den Kopf strecken
- Füße gegrätscht, ein Arm in den Hüften eingestützt, ein Arm über dem Kopf
- ein Fuß vorne, ein Fuß hinten, die Arme im V über den Kopf
- Füße geschlossen, die Arme über den Kopf, Handinnenflächen berühren sich
- ein Bein in der Luft, Hände eingestützt
- Beine gegrätscht, Oberkörper nach vorne beugen

Tipp: Eine ruhige klassische Instrumentalmusik unterstützt die Atmosphäre.

Weiterführung
Unter den Besuchern befindet sich heute leider ein Kunstdieb, dessen Rolle von einem der älteren Kinder übernommen wird. Während die Besucher die Kunstwerke betrachten, stiehlt der Dieb einfach eine Statue. Hierfür nimmt er ein Kind an die Hand und spaziert mit ihm durch den Raum. Die Erzieherin spielt den Wachmann und lässt den Pfiff einer Trillerpfeife ertönen. Alle anderen versuchen nun, den Dieb zu fangen.

Das Gewitterwolken-geburtstagslied

Ist die Luft im Sommer feucht und warm,
so haben wir Gewitteralarm.
Dann wird es blitzen, donnern, krachen
und manchem wird es Ängste machen.

Doch aus unserm Auto oder Haus
schau'n wir sicher durch die Fenster raus.
Das Spektakel kann uns amüsieren,
denn drinnen wird uns nichts passieren.

Das Gewitterwolkengeburtstagslied

Text: Bettina Scheer, Elke Gulden, Musik: Ralf Kiwit

1. Der Himmel lädt zur Party ein,
   da wird wohl gleich was los sein.
   Auf Wolke siebzehn trifft man sich
   und feiert ganz ordentlich.

   vorwärts in die Kreismitte gehen

Instrumentalteil

*rückwärts aus der Kreismitte heraus-
gehen*

Refrain
Mit Pauken und Trompeten,
mit Feuerwerksraketen
wird reichlich Krach gemacht;
dazu wird noch gesungen,
getanzt und viel gelacht.
Dazu wird noch gesungen,
getanzt und viel gelacht.

in die Hände klatschen

stampfen
*sich um die eigene Achse drehen,
dann sich wieder die Hände geben*

2. Die Sonne ist der erste Gast,
   damit sie bloß auch nichts verpasst.
   Trinkt Himbeerlimonade
   und nascht Schokolade.

   im Kreis rechts herum gehen

Instrumentalteil

im Kreis links herum gehen

Refrain
Mit Pauken und Trompeten,
mit Feuerwerksraketen
wird reichlich Krach gemacht;
dazu wird noch gesungen,
getanzt und viel gelacht.
Dazu wird noch gesungen,
getanzt und viel gelacht.

s. o.

3. Die Regentropfen tanzen wild,
   das ist ein supertolles Bild.
   Sie hüpfen, hopsen, springen,
   der Wind ist laut am Swingen.

   am Platz springen

Instrumentalteil

am Platz springen, dabei die Arme im Wechsel nach oben und unten führen

Refrain
Mit Pauken und Trompeten ...

s. o.

4. Wir fürchten die Gewitterfront
   am fernen dunklen Horizont.
   Obwohl man dort nur Party macht,
   bei der es ziemlich lautstark kracht.

   vorwärts in die Kreismitte gehen

   schnelles und lautes Stampfen

Instrumentalteil

rückwärts aus der Kreismitte herausgehen, schnelles und lautes Stampfen

Refrain
Mit Pauken und Trompeten ...

s. o.

Unwetter

Es blitzt und zuckt am Horizont,	*Arme in zackigen Bewegungen seitlich ausstrecken*
ich seh, wie ein Gewitter kommt.	*eine Handkante über die Augen legen, Oberkörper nach vorne beugen, sich umsehen*
Langsam nähert sich das Grollen,	*leise mit den Füßen stampfen, lauter werden*
Tropfen fangen an zu tollen.	*umherspringen*
Prasseln auf die Erde nieder,	*laut umherspringen*
Blitze zucken immer wieder.	*zackige Armbewegungen*
Doch plötzlich, da kehrt Stille ein,	*still stehen*
wen seh ich da? Den Sonnenschein.	*Arme senkrecht über den Kopf strecken und in einem Halbkreis über die Seiten nach unten führen*

Der Text dieses kleinen Bewegungsverses kann auch auf die Melodie des traditionellen Liedes „Die Vogelhochzeit" gesungen werden. Anstelle des „Fidirallala" im Originaltext, bietet es sich hier an, den B-Teil auf passende Vokale oder Silben zu singen, bspw. oh-oh-oh, tap-tap-tap, tz-tz-tz und ha-ha-ha.

Alternativ lässt sich der Vers mit den Kindern auch wunderschön als Klanggeschichte umsetzen. Hierzu werden ein Chime, eine Handtrommel, Klanghölzer sowie eine Klangschale benötigt.
Ein Chime ist ein runder Metallklangstab, der schwebend auf einem Holz befestigt ist. Der Klang ähnelt dem einer Triangel, ist aber insbesondere für die kleinen Kinder einfacher zu spielen.

Es blitzt und zuckt am Horizont, ich seh, wie ein Gewitter kommt.	*Chime oder Triangel*
Langsam nähert sich das Grollen,	*Handtrommel, leise beginnend, lauter werdend*
Tropfen fangen an zu tollen.	*Klanghölzer langsam aufeinander schlagen*
Prasseln auf die Erde nieder,	*Klanghölzer senkrecht auf den Boden klopfen*
Blitze zucken immer wieder.	*Chime*
Doch plötzlich, da kehrt Stille ein,	*Stille*
wen seh ich da? Den Sonnenschein.	*Klangschale*

Regentropfen fallen vom Himmel herab

Die Kinder stehen frei im Raum verteilt.

Regentropfen fallen vom Himmel herab.	*die Hände zappelnd von oben nach unten bewegen*
Doch ich trage eine Jacke mit Mütze.	*auf sich selbst zeigen, eine imaginäre Mütze im Nacken mit einer Hand über den Hinterkopf nach vorne ziehen*
So prasseln die Tropfen an mir einfach ab und bilden am Boden 'ne Regenpfütze.	*die Hände weit von sich schütteln in die Hocke zu gehen*

Wenn genügend Reifen vorhanden sind, kann die Erzieherin nun auch über jedes Kind einen Reifen geben, der die Pfütze symbolisiert. Hierin können die Kleinen nun springen, hinein- und heraushüpfen usw.

Gut ausgestattet

Regenhose, Gummistiefel

an den Beinen mit den Händen entlang fahren, an die Fußknöchel patschen

und dazu ein Regenhut,

mit zwei Händen einen Hut auf den Kopf ziehen

super sind wir ausgerüstet,
all das steht uns wirklich gut.

am Platz marschieren

Jetzt fehlt noch die Regenjacke

Arme angewinkelt in Schulterhöhe halten, die Hände bilden Fäuste, Arme zur Brust hin drehen

und dann geht es endlich raus.
Denn mit wasserfester Kleidung
macht der Regen uns nichts aus.

am Platz marschieren

Am Ende des Verses können alle durch den Raum marschieren. In einer zweiten Runde wird gehüpft, um schließlich noch einmal zu marschieren.

Gewitterspiel

Handtrommel

Während die Handtrommel leise geschlagen wird, laufen die Kinder durch den Bewegungsraum. Plötzlich wird die Handtrommel schneller und lauter, um dann auf einen letzten sehr lauten Schlag zu verstummen. Sobald die Kinder diesen Schlag hören, gehen sie schnell in die Hocke. Erst wenn die Handtrommel erneut leise schlägt, erheben sie sich und laufen wieder fröhlich durch den Saal.

Hose, Schuhe, Mütze, Schal

Eine gute koordinatorische Übung enthält der folgende Spielvers, der im Jahresverlauf sehr einfach in weitere Varianten abgewandelt werden kann:

Hose,	*mit den Händen an den Beinen nach unten streichen*
Schuhe,	*2× mit den Händen auf den Boden klatschen*
Mütze,	*Hände in Kopfhöhe halten und 2× nach unten ziehen*
Schal –	*Hände an den Schultern kreuzen (rechte Hand an linke Schulter, linke Hand an rechte Schulter*

jetzt das Gleiche noch einmal:

Hose, Schuhe, Mütze, Schal –	*mehrmals wiederholen, dabei das Tempo steigern*

jetzt das Gleiche noch einmal:

Hose, Schuhe, Mütze, Schal –
Jetzt ist Schluss – bis nächstes Mal!   *winken*

Erweiterung
Haben die Kinder den Ablauf der Bewegung verstanden, kann die zweite Zeile des Spruchs verändert werden. Die Hände setzen dabei die Adjektive pantomimisch um.

Hose, Schuhe, Mütze, Schal –
hoch und tief und breit und schmal.

Für die warmen Sommertage kann der Vers bei gleichbleibenden Bewegungen inhaltlich angepasst werden:

Hose, Schuhe, Kappe, Shirt,
ihr wisst, wo alles hingehört!

Und auch für Regentage braucht es nur leichte Änderungen:

Hose, Stiefel, Jacke, Hut,
so geht's uns auch bei Regen gut.

Erweiterung

Hose, Stiefel, Jacke, Hut,	
Glück	*einen Daumen als Okay-Zeichen zeigen*
und Trauer,	*Arme und Schultern hängen lassen*
Jubel,	*Arme im Wechsel schnell über dem Kopf bewegen*
Wut.	*mit einem Fuß auf den Boden stampfen*

Wetterlaufmusikstoppspiel

Für dieses Spiel werden 4 große Wetterbilder benötigt. Auf jeweils ein weißes Blatt Papier (am besten DIN A3) eine große Sonne, eine Regen-, eine Gewitter- und eine Schneewolke malen. Damit die Bilder mehrfach verwendet werden können, bietet es sich an, diese zu laminieren.

Laufmusik, bspw. Instrumentalversion des Gewitterliedes (CD, Track 36)
4 Reifen in einer Raumecke
1 große Matte mit ihren Enden über 2 parallel stehende Bänke legen, so dass eine Höhle entsteht

Die Kinder laufen zur Musik durch den Raum. Dabei hält die Erzieherin das Bild der Sonne sichtbar in Händen. Wenn die Musik stoppt, zeigt sie eines der anderen Wetterbilder. Sehen die Kinder das Schneebild, so frieren sie auf der Stelle ein. Ist das Gewitterbild zu sehen, laufen sie schnell alle ins Haus unter das Mattendach und regnet es, versammeln sich alle Kinder in den Reifen und bilden Pfützen.

Regenwetterlaufspiel

In der Instrumentalversion des Gewitterliedes (CD, Track 36) sind 3 Geräusche eingespielt: Regen, Donner und ein helles „Ping".
Bei diesem Spiel laufen die Kinder zur Musik durch den Raum. Hören sie den Regen, bleiben sie stehen und legen die Fingerspitzen ihrer beiden Hände über ihrem Kopf zusammen, so dass sich ein Regenschirm bildet, der sie vor der Nässe schützt. Hören sie den Donner, so geht jedes Kind schnell in die Hocke. Ist jedoch das helle Ping zu hören, so springen sie über eine imaginäre Regenpfütze.

Die CD zum Buch!

Elke Gulden, Bettina Scheer und Ralf Kiwit
Es tanzt die Kuh mit Stöckelschuh
Tanz- und Bewegungslieder für Kinder

Audio-CD mit 78 Minuten Spielzeit
ISBN 978-3-7698-1907-6

Mit allen Liedern und ausgewählten Playbacks, originell arrangiert von dem Musikpädagogen und Erfolgsproduzenten Ralf Kiwit:

- Der Zipfelmützenzwergenrock
- Der Schli-Schla-Schlangentanz
- Mit Pfiff
- Der Frühlingstiereflattertanz
- Das Gewitterwolkengeburts-tagslied
- Der Klatsch-in-die-Hände-Beat-Dance-Song
- Das Zugfahrlied
- Rhythmus im Blut
- Im Wald wird niemand kalt
- Wir tanzen zu zweit
- Im Zoo steigt eine Party
- Tanzende Tücher

Dazu Bonusmaterial zum Buch über 28 Minuten.

Krippenkinder betreuen und fördern

104 Seiten, Notensatz,
farbige Illustrationen
ISBN 978-3-7698-1837-6

96 Seiten, Notensatz, farbige
Illustrationen, inkl. Musik-CD
ISBN 978-3-7698-1880-2

96 Seiten, Notensatz,
farbige Illustrationen
ISBN 978-3-7698-1905-2

96 Seiten, farbige Illustrationen
ISBN 978-3-7698-1881-9

96 Seiten, farbige Illustrationen
ISBN 978-3-7698-1855-0

96 Seiten, farbige Illustrationen
ISBN 978-3-7698-1840-6